全国学前教育专业
“十三五”规划教材

幼儿教师职业礼仪

第2版

◎ 沈淑明 丁仁富 主编
◎ 王守涛 王延青 耿国彦 丁晓晗 副主编

人民邮电出版社
北京

图书在版编目（CIP）数据

幼儿教师职业礼仪 / 沈淑明，丁仁富主编. -- 2版
. -- 北京 : 人民邮电出版社，2016.11
全国学前教育专业“十三五”规划教材
ISBN 978-7-115-43817-1

Ⅰ. ①幼… Ⅱ. ①沈… ②丁… Ⅲ. ①幼教人员－礼仪－幼儿师范学校－教材 Ⅳ. ①G615

中国版本图书馆CIP数据核字(2016)第246037号

内 容 提 要

本书以培养幼儿教师职业礼仪素质为核心，以幼儿教师工作过程为导向，以幼儿教师职业岗位需求为依据选取编写内容，共分6个教学模块，22个教学任务。内容主要包括幼儿教师的形象礼仪、语言礼仪、在幼儿园一日活动中的礼仪、家园共育礼仪等。

本书可作为职业院校学前教育专业课的教材，同时也可作为在职幼儿教师运用现代礼仪、实施幼儿园礼仪教育的学习参考用书。

◆ 主　　编　沈淑明　丁仁富
副 主 编　王守涛　王延青　耿国彦　丁晓晗
责任编辑　刘　琦
执行编辑　古显义
责任印制　焦志炜

◆ 人民邮电出版社出版发行　　北京市丰台区成寿寺路11号
邮编　100164　　电子邮件　315@ptpress.com.cn
网址　http://www.ptpress.com.cn
北京七彩京通数码快印有限公司印刷

◆ 开本：787×1092　1/16
印张：9.5　　2016年11月第2版
字数：148千字　　2024年8月北京第17次印刷

定价：29.80元

读者服务热线：(010)81055256　印装质量热线：(010)81055316
反盗版热线：(010)81055315
广告经营许可证：京东市监广登字20170147号

编审委员会

本书编委会

主　　编：沈淑明　丁仁富

副 主 编：王守涛　王延青　耿国彦　丁晓晗

学校编委成员姓名：韩文瑛　徐　清　徐金华　王　敢

企业行业编委成员单位及姓名：

青岛市黄岛区商业幼儿园：孟春霞

青岛市黄岛区隐珠幼儿园：陈保华

淄博师范高等专科学校继续教育学院：耿国彦

青岛市黄岛区学前教育办公室：丁　岩

Foreword

第2版前言

幼儿教师职业礼仪是学前教育工作者必须具备的基本职业素养，是促进师幼关系、家园关系和谐，提高幼教质量，赢得社会认可的最佳途径，同时也是学前教育专业的一门重要的专业基础课程。本书以训练学习者的职业礼仪素养为目标，旨在使学生明礼、习礼、行礼，成为礼仪之师，以礼仪之师，育礼仪之幼儿。

本书以幼儿教师职业礼仪素质培养为核心，以幼儿教师工作过程为导向，以幼儿教师职业岗位需求为依据选取内容。通过对幼儿教师工作岗位进行分析，选定幼儿教师仪态、仪表、仪容、体态语、教育口语、家园共育礼仪等作为必修内容，共分为5个模块，19个任务。此次再版，根据用书单位的反馈意见，我们又增加了第六模块《幼儿教师岗前职业礼仪综合实训》，设置了3个综合实训任务。

本书模块四以幼儿园一日工作环节为载体组织建构，通过对内容进行梳理和教学转换，选择了入园、进餐、盥洗、教学活动、户外活动、睡眠和离园等一日七大环节为载体组织内容；模块五以家长会、家访两个家园共育形式作为课程载体进行编写。模块二有关形象礼仪的内容既可以独立教学，也可以作为知识点分散到七大环节和家园共育礼仪教学中去，教师对此在教学选择时有较大的灵活性。

本书每个任务都由“案例导入”“礼仪知识”“礼仪训练”“知识巩固”“学习评价”5部分组成。“案例导入”部分，给出幼儿园的教育实例，启迪学习者思维；“礼仪知识”部分，为学习者阐明重要的礼仪知识；“礼仪训练”部分，通过设计模拟情境，组织学习者进行角色表演，进而训练学习者的职业礼仪规范；“知识巩固”和“学习评价”则分别设有知识巩固和学习评价表练习题，以便于学习者能够及时地检查自己的学习效果，把握自己的学习进度。

本书的参考学时为36学时。建议在校内的授课为23学时，采用理实一体化教学模式，另加13 课时的岗前职业礼仪综合实训，这部分内容可以在校内进行模拟情境训练，有条件的学校可以放在附属幼儿园或联办幼儿园中进行实境训练（可视同于学校为学生组织的实习）。

建议授课学时分配表

模　块	名　称	学　时
模块一	开启幼儿教师的职业礼仪之门	2
模块二	幼儿教师的形象礼仪	7
模块三	幼儿教师的语言礼仪	5
模块四	幼儿教师在幼儿园一日活动中的礼仪	7
模块五	家园共育礼仪	2
模块六	幼儿教师岗前职业礼仪综合实训	13
课时总计		36

另外，此次再版，我们还精心制作了电子教案、PPT 课件、微课视频等教学资源，为使用者提供更贴心、更高效的服务。

本书采用“校、园合作，多方共建”的方式进行开发，由高校专家、幼儿园园长（骨干教师）、学校专业教学团队共同组成研发小组，编写教材。本书由青岛市黄岛区高级职业技术学校的沈淑明、丁仁富任主编，由青岛市黄岛区高级职业技术学校的王守涛、王延青，淄博师范高等专科学校的耿国彦，德州学院教育科学学院的丁晓晗任副主编。参与编写和审稿的还有青岛市黄岛区高级职业技术学校的韩文瑛、徐清、王敢、徐金华，以及青岛市黄岛区学前教育办公室的丁岩、青岛市黄岛区隐珠幼儿园的陈保华、青岛市黄岛区商业幼儿园的孟春霞。书中选用了编者在江西省八一保育院、河北省启航幼儿园学习调研时拍摄的照片，以及青岛市黄岛区隐珠幼儿园、商业幼儿园提供的照片，编者在此一并表示感谢！

编　者

2016 年8 月

contents

目　录

模块 1 Chapter 开启幼儿教师的职业礼仪之门

幼儿教师不仅是科学知识的传播者，还是幼儿美好心灵的塑造者，更是幼儿行为的示范者。礼仪是一种修养，是一种气质，是一种文明，是一种亲和力，它是幼儿教师和幼儿、家长沟通的通行证，是开启成功教师之门的钥匙。改变孩子，那就先从改变自己做起吧！

本模块从幼儿教师职业礼仪的意义和特点两个方面阐释礼仪之于教师、之于幼儿的重要性，引导学生自觉明礼、修礼、行礼。

知识目标

❶ 理解幼儿教师职业礼仪的内涵。

❷ 领会幼儿教师职业礼仪的意义。

❸ 把握幼儿教师职业礼仪的特点。

技能目标

❶ 形成科学的幼儿教师职业礼仪观。

❷ 参照幼儿教师职业礼仪特点，反思和改善自己的言行。

任务01 走进幼儿教师职业礼仪教育

俗话说：“少成若天性，习惯成自然。”要让幼儿成为一个讲文明、懂礼貌的人，要使幼儿拥有一个健全的人格和自信的人生，早期的引导和教育尤为重要。学前期幼儿可塑性极强，喜欢模仿成人的行为，能够敏锐地接收外界的各种信息，是了解社会、学习各种行为规则的理想时期，更是礼仪等良好行为习惯养成的最佳时期。这时开始进行礼仪启蒙教育，有助于促进幼儿社会化的进程。

幼儿教师是孩子接受集体教育的启蒙之师。教师的言谈举止、音容笑貌都是孩子模仿的榜样，只有礼仪之师才能造就礼仪孩童。让我们一起走进礼仪之门，明礼、修礼、行礼，用礼仪教育开启自己的幸福职业生涯吧！

案例导入

1987年，75位诺贝尔奖获得者齐聚巴黎。人们对诺贝尔奖获得者既充满崇敬又充满好奇。有位记者恭敬地问其中一位：“您认为自己一生中最重要的东西是在哪所大学或哪个实验室里学到的呢？”

这位白发苍苍的老者平静地回答：“幼儿园。”

记者非常惊讶，简直不敢相信自己的耳朵：“幼儿园？在幼儿园里您能学到什么重要的东西呢？”

老者微笑着说：“在幼儿园里我向教师学到了让我终生受益的东西。比如，有好东西要和朋友分享，不是自己的东西不要拿，东西要放整齐，饭前要洗手，午饭后要休息，做错了事要表示歉意，要多思考，要仔细观察大自然，等等。”

听罢，在场的所有人报以热烈的掌声。

思考与讨论

1. 一个站在学术巅峰的人为什么这样推崇在幼儿园里学到的东西呢？

2. 幼儿园的教师在哪些方面给予了他最重要的东西？

礼仪知识

一、礼仪的内涵

礼仪，指的是人类为维系社会生活而要求人们共同遵守的基本道德规范。礼仪是人们在长期的共同生活和交往中逐渐形成，并以风俗、习惯、传统等方式固定下来的。它是人们自我尊重和恭敬他人的表现形式和行为技巧，是人们立身处世、赢得人脉的根本，也是塑造个人形象、增强职业竞争力的工具。

礼仪以礼貌为内涵，以礼节、仪式、仪表等为表现形式。

礼貌，即尊重之心，是人们在社会交往中维系关系，避免冲突的心理态度。

礼节，即尊重之度，是人们在社交场合中相互尊重，表示友好的惯用形式。

仪式，即方式程序，是人们为了表示尊敬与隆重而专门举行的，具有特定程序与规范的活动，如迎送仪式，庆典仪式等。图1-1 所示为曲阜孔庙成人礼。

图 1-1　曲阜孔庙成人礼

仪表，即人的外表，包括容貌、姿态、风度、服饰等内容。

二、职业礼仪

伴随职业的分化，职业礼仪产生了。人们所言的 “行有行规”，大体上指的就是各行各业的职业礼仪。职业礼仪是礼仪在某一特定职业之内的具体运用，主要是指从业人员在自己的工作岗位上应当严格遵守的行为规范。职业礼仪的适用范围仅仅在某一个具体行业之内，如教师有教师礼仪，银行工作人员有银行礼仪，宾馆工作人员有宾馆礼仪……职业人员在掌握基本礼仪原则之外，还必须严格依照其各自不同的职业礼仪来行事。

幼儿教师职业礼仪是指幼儿教师在从事幼儿教育工作中应当严格遵守的行为规范，主要包括幼儿教师的职业道德、仪容仪表、人际交往等方面。

资料贴吧

教师职业礼仪的产生与发展

1861 年，法国天主教神甫拉萨尔创立了世界上第一所师资训练学校，这标志着教师作为一种单独的职业开始在社会上出现。有了专门的教师职业，也就有了专门的教师职业行为规范。

我国幼儿教育事业发展较晚，直到1903年才有了第一所幼儿教育机构——湖北武昌幼稚园。新中国成立后，我国的幼教事业蓬勃发展。2010年颁布的《国家中长期教育改革和发展规划纲要（2010—2020年）》提出了“到2020年，普及学前一年教育，基本普及学前两年教育，有条件的地区普及学前三年教育”这样的宏大目标。至2012年，全国已有幼儿园18.13万所，比2011年增加1.45万所，在园幼儿（包括附设班）3685.76万人，比2011年增加261.32万人。

——《2012年全国教育事业发展统计公报》

三、幼儿教师职业礼仪的意义

1. 幼儿教育职业的需要

幼儿教师是幼教工作的主体。他们不仅是科学文化知识的传播者，更是幼儿道德品质的教育者。幼教工作实践证明，幼儿教师的言行举止、文明礼貌对幼儿起着潜移默化的影响。

幼儿期是终生教育的开端。这一时期的孩子懵懂天真、心灵纯净，“染于苍则苍，染于黄则黄”。这就要求幼儿教师为孩子树立良好的礼仪榜样，以自己的言行感染幼儿，做学礼、明礼、修礼、行礼的典范。清新、端庄、美丽、大方的仪表，真诚、和蔼、可亲的仪容，得体、文明、规范的仪态，都能使教师与幼儿建立起良好的感情，使幼儿产生愉悦的情绪，有利于幼儿模仿、生成文明的礼仪行为。

观察模仿是幼儿的一种主要学习方式。教师的言行往往在不知不觉中被幼儿观察着、模仿着。而且，由于受认知发展水平的限制，幼儿的评价有依从性。教师是孩子心目中的权威，因此教师就成了他们学习的标杆。家长在生活中常常可以听到幼儿说“这是我们教师说的”“我们教师就是这样做的”等，可见，幼儿会毫不怀疑地接受教师的一言一行，幼儿身上常会反映出教师的某些个性品质。可以说，幼儿教师的劳动效果主要取决于其自身的发展水平。因此，加强教师职业礼仪修养是一名幼儿教师最基本的要求，是幼儿教育事业的需要。

案例启示

教师说“他是贼”

某幼儿园一名实习教师因班上一男孩不经同桌允许，私自拿了小朋友的彩笔，就严肃地批评孩子，说孩子是“贼”，并且打了孩子的手心。结果同班的小朋友都对这个男孩子指指点点，都说他是“贼”，更有淘气的小朋友模仿教师的行为，让孩子伸出手来打手心。这个男孩因此不敢再上幼儿园。家长了解情况后，将这名教师告到了教育局。

启示：孩子对人、对事的评价往往是依从于教师的评价，孩子的行为往往是教师行为的翻版。孩子的一个无心之举被教师冠以“贼”的恶名，并受到来自同伴的嘲笑和打骂，在其心灵深处留下了挥之不去的阴影。由此可见，为师者不可以不慎言慎行。

2．个人职业生涯发展的需要

一名优秀的幼儿教师不仅要具有较为扎实的教育和文化科学知识，更要具有爱幼儿、爱幼教事业的事业心，还要具有观察、理解幼儿，与幼儿、家长顺畅沟通的能力等。这是幼儿教师综合职业素养的体现，是个人事业成功的重要条件。

亲其师，才能信其道；信其道，教师的教育才能取得成效；获得教育成功的教师才能成为名师。幼儿喜欢什么样的教师呢？用幼儿的话说就是“不发脾气的，不打人的”“小朋友哭了，给小朋友擦眼泪的”“经常帮小朋友系鞋带的”“长得漂亮的”……可见，懂得自尊和敬人的教师最受小朋友欢迎，这里的

“自尊”和 “敬人”就是礼仪。举止有礼的教师才能得到幼儿的喜欢、领导的信任、同事的帮助、家长的推崇，从而促进自己职业的发展，实现自己的人生理想。

礼仪训练

一、训练情境

某幼儿园为增强幼儿教师的职业礼仪意识，专门组织了一场辩论会。正方观点：“不学礼，无以立”；“人无礼则不立、事无礼则不成、国无礼则不宁”（荀子），所以要从小培养孩子养成良好的礼仪习惯。反方观点：“幼儿年龄小，懂什么礼仪，教师想怎么做就怎么做，想怎么说就怎么说”；“幼儿教师就是看孩子，只要孩子不出意外就行，还教什么礼仪”；“孩子太小，没法教，等他长大了自己就明白什么是礼仪了”。以此情境，组织学生举行模拟辩论会。

二、训练要求

（1）学生自主选择正方或反方，进行自由辩论。

（2）能够联系以前所学的幼儿心理学、幼儿教育学知识，阐明自己的观点。

（3）通过辩论明确学习幼儿教师职业礼仪对自己职业生涯发展的重要意义。

知识巩固

1. 什么是礼仪？
2. 什么是幼儿教师职业礼仪？
3. 为什么要学习幼儿教师职业礼仪？

学习评价

表 1-1　礼仪教育开启幸福职业生涯学习评价表

检测内容	评价标准	自评	组评	师评	综合
1．礼仪的内涵及表现形式	能够发现并运用生活中的实例来解读概念，领会学习职业礼仪的重要意义				
2．幼儿教师职业礼仪的内涵					
3．幼儿教师职业礼仪的意义					
4．幼儿教师职业礼仪观	明确礼仪之于教师、之于幼儿的重要性，能初步了解自己的言行是否合乎礼仪				

注：优，85 分以上；良，75 ～ 85 分；中，65 ～ 75 分；较差，65 分以下。综合得分为自评、组评、师评 3 项得分的平均分。

任务02 认知幼儿教师职业礼仪特点

“国有国法，行有行规”，不同的行业，其职业礼仪亦有不同的特点。幼儿教师职业礼仪的特点可以归纳为敬、静、净、雅4 个字。

案例导入

某幼儿园要招聘一名幼儿教师。职业学校的校长和班主任向园长推荐了学习成绩最好的M 同学、围棋最好的L 同学、舞蹈最好的H 同学，还有美术最好的G 同学，可园长一个也没看上，而是录用了相貌平平、平日里默默无闻的小W。校长和班主任都感到奇怪。园长解释说：“W 同学神态自然，服装稳重正式、整洁得体；进门时在门口蹭掉脚下带的泥土，进门后随手轻轻地关上门；进了办公室，用甜美的声音、迷人的微笑向我问好；其他人都对我故意放在地上的铅笔视而不见，唯有她很自然地俯身捡起来并双手递给我；她回答问题时话语简洁明了，轻柔中充满自信。你们说，她是不是最棒的？”

思考与讨论

1. 幼儿园园长为什么会选择相貌平平、平日里默默无闻的小W？

2. 从小W 成功应聘的案例中，你发现幼儿园选聘教师的标准有什么特点？

礼仪知识

一、敬

敬，即尊重，有礼貌地待人处事。没有敬就没有礼。作为幼儿教师，要常怀“敬”心。常怀敬人之心，时时处处不可失敬于人，不可伤害他人尊严，更不能侮辱他人人格。“敬”是人际交往获得成功的重要保障。

1．敬事业

幼儿教育是国民教育的重要组成部分，是终生教育的开端，是基础之基础。幼儿教育质量的高低，关系到国家兴旺、民族复兴。有了这样的认识，幼儿教师才会产生高度的责任感，才会增强对幼儿教育事业的情感，对工作才会倾注满腔的爱和热忱，任劳任怨，不计个人得失，才能在任何情况下都竭尽全力地把工作做好。对幼儿教育事业不热爱，把幼儿教育工作单纯看做谋生的手段，在工作中处处被动，时常感到苦不堪言，一有机会就想改行，这种人是胜任不了幼儿教育工作的。

2．敬幼儿

敬幼儿，就是要求幼儿教师尊重幼儿的个性，呵护幼儿的自尊，善待幼儿的错误。幼儿虽小，但也有自尊，且他们的自尊心更脆弱，更需要加以呵护，特别是对那些调皮的孩子，如果不注意尊重他们的个性，不从各种角度去分析问题产生的原因，不寻求恰当的教育方法进行因材施教，而是一味地批评教育，甚至是体罚、变相体罚幼儿，就会伤及孩子的自尊。一旦损伤了他们的自尊心，往往会对幼儿的心理造成伤害。因此要真正理解与体味 “尊重”二字的深刻含义，就必须站在幼儿的角度去思考问题，建立民主和谐的师幼关系，实现师幼在人格上的平等，这样才可能真正做到 “敬孩子”。蹲下来和孩子说话，放下教师权威的架子，给予孩子爱、自由、平等，就是敬幼儿的一种行为表现，如图1-2 所示。

一名优秀的幼儿教师要能时刻拥有一副仪表风范，要能笑脸相迎，要能时刻作出回应，要有鼓励的眼神，要能以爱心相待幼儿。唯有如此，才能让幼儿在一种宽松、和谐、平等的环境中健康成长。

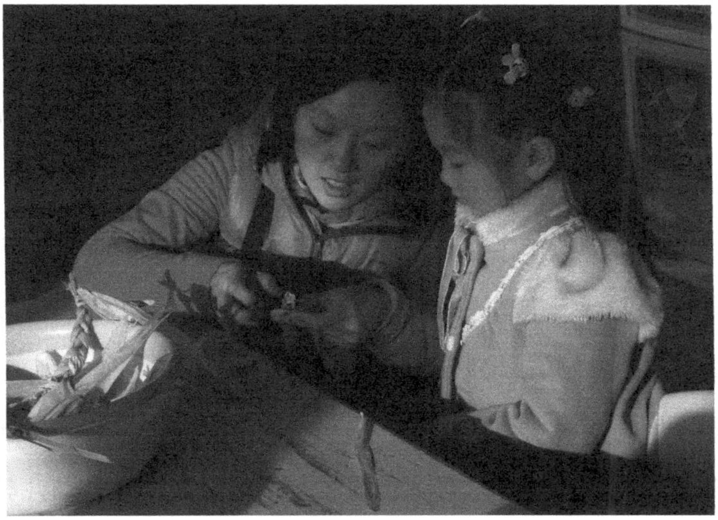

图 1-2 蹲下来和孩子说话

3．敬家长

《幼儿园教育指导纲要》中指出：家长是幼儿教师的重要合作伙伴。幼儿园不能关起门来办教育，只有教师和家长连起手来，才能形成教育合力，否则可能两相抵消，产生1+1 ≤0 的效果。幼儿教师应本着尊重、平等、合作的原则，争取家长的理解、支持和合作参与，并对家长进行科学育儿方面的指导，保证交流渠道的通畅。

4．敬同事

幼儿教师对领导要敬重，服从而不盲从，尊重而不奉承，自觉接受领导的安排，树立领导的威信；对同事要敬重，要正确处理与同事间的关系，互尊互学，互帮互助，取人之长，补己之短。老教师教育教学经验丰富，但有时思想会囿于成见，不够开拓；年轻教师思想敏锐，有朝气，富有创新精神，但缺乏教学经验，需要指导和锤炼。所以，年轻教师应主动、虚心地向老教师请教，学习他们多年的经验，使自己不断成熟起来；老教师应该满腔热情地爱护和关心年轻教师的成长，注意学习他们的求知和创新精神，使自己的心态永葆青春。

二、静

一个知礼、行礼之人，身上必有“静气”，要神清气定、沉静从容。

幼儿教师要静气处事。当小朋友不配合或不听话时，要晓之以理，动之以情，不能粗口相向或大声威吓，更不能发怒生气，应该在冷静下来后再处理问题，这样才能虑得周全，处得合理，才能既把问题处理好，又不伤害幼儿的自尊，才能和幼儿建立良好的师幼关系。

幼儿教师要静心学习。学无止境，活到老，学到老。世界在变化，知识在更新，新的教育理论、新的教育内容、新的教育方法不断产生，幼儿教师不能只满足于自己已有的专业知识，而应静下心来，终身学习，多看各类有益于自己职业发展的书籍，这是修身、明礼、治教的一个重要途径。

幼儿教师要静心修为。图1-3 所示的语句应是幼儿教师努力的方向。教师的劳动具有长期性的特点，幼儿教师做的又是奠基性工作，而孩子真正成才要在十几年后，这种成果的不可预知和遥远使不少人产生了职业倦怠。与此同时，在当今社会，部分人对物质、对金钱的膜拜也在一定程度上冲击着当前的教育。教师肩负着培养社会、民族的未来人才的重任，只有耐得住寂寞，耐得住清苦，守得住信仰，才能把这份职业做成志业。

图 1-3　幼儿教师静心修为

三、净

净，就是指仪容仪表整洁干净，服装得体洁净。

清洁卫生是仪容美的关键，是礼仪的基本要求。一个人不管长相有多好，服饰有多华贵，若是浑身异味、衣衫不整，必然会破坏其美感。因此，一个讲文明、懂礼仪的人一定会养成良好的卫生习惯，做到勤洗头、洗脸、洗手、洗澡、刷牙，经常换洗衣服，以保持面容洁净、服装干净。另外，不能在人前“打扫个人卫生”，比如剔牙、掏鼻孔、挖耳屎、修指甲、搓泥垢等，否则不仅不雅观，也显得不尊重他人。

整洁卫生是对幼儿教师最起码、最基本的礼仪要求。教育家马卡连柯说：“教师必须衣服整洁，头发和胡须都要弄得像样，鞋袜洁净，双手清洁，修好指甲和经常备有手帕。”他甚至认为“从口袋里掏出揉皱了的脏手帕的教师，已经失去了当教师的资格。”如果幼儿教师不注意个人卫生，不但不能给幼儿树立好榜样，不能教育幼儿养成良好的卫生习惯，还容易将细菌传染给抵抗力弱的幼儿，导致幼儿生病，危及幼儿身体健康。

四、雅

1. 仪态举止优雅

幼儿教师的仪态举止包括坐、立、行、蹲等姿势，以及表情、动作、行为习惯等，是教师与幼儿交往中的 “人体信号”。

幼儿教师在与幼儿的相处过程中，任何姿势和动作都是幼儿模仿的对象，因此，其举止应该是稳重得体、庄重潇洒、落落大方的，要能表现出文明礼貌的要求，给幼儿以美的感受。幼儿教师举止文明总的要求是：站姿稳定，坐姿庄重，走姿自然，情态谦和。

2. 谈吐文雅

幼儿教师要使用规范的语言，标准的普通话，谈吐要符合幼儿心智发展规律，切近幼儿心智发展水平，形象地向幼儿传授知识，化抽象为具体，化深奥为浅显，激发幼儿的学习兴趣，提高幼儿的审美能力，陶冶幼儿的情操。

幼儿教师要有文雅的谈吐，应带头使用文明礼仪用语，如 “请”“谢谢”“您辛苦了”等，营造和谐的师幼关系，为幼儿树立礼仪榜样。

3. 服装典雅

幼儿教师的服装要得体、大方，符合职业角色。要根据幼儿天真烂漫、活泼好动、喜欢鲜艳色彩的特点，选择明快、温暖的色彩，如绿、柠檬黄、天蓝、粉红等，以增加幼儿对教师的喜爱，让幼儿感觉到教师的可亲、可敬、可爱。切忌不修边幅，给人以邋遢的感觉。

4. 风度儒雅

风度是一个人特有的待人接物的行为方式，是内在美的自然流露。对幼儿教师而言，儒雅的风度应该是不卑不亢、落落大方、语言文明、举止得体、亲切慈爱、面和气祥。儒雅的风度通过人的语言、举止、服饰、态度等表现出来，但良好的文化修养、渊博的学识、精辟独到的思辨能力才是其内在的基础要素。

5．气质高雅

气质是指一个人内在涵养或修养的外在体现，而不仅是表面功夫。如果胸无点墨，即便服饰再华丽，也是毫无气质可言的，只会给别人肤浅的感觉。因此，用培养气质来使自己变优秀，比用服装和打扮来美化自己，要具备更高一层的精神境界。前者使人活得充实，后者把人变得空虚。

正所谓 “腹有诗书气自华”，幼儿教师只有不断地学习，加强自己的文化修养、行为修养、言谈修养、道德修养，才能成为有气质、有风度、有魅力的人，成为受幼儿尊敬、受幼儿爱戴的优秀教师。

礼仪训练

一、训练情境

组织学生观看电视节目 “感动中国十大人物——最美女教师张丽莉”，并组织学生朗读交流课前收集到的赞美教师的名言佳名，如：“捧着一颗心来，不带半根草去”“吃的是草，挤出来的却是奶”等等。由教师汇编这些名言佳句，并在课堂上将它们用多媒体展示出来。组织学生讨论现代幼儿教师应当具有什么样的职业形象。

二、训练要求

（1）通过讨论交流，熟知幼儿教师职业礼仪的四大特点及其内涵。

（2）通过讨论，对学前教育专业和未来幼师职业形成正确的理解，并树立为之奋斗的理想。

知识巩固

1. 幼儿教师职业礼仪 “敬”的内涵是什么？

2. 幼儿教师职业礼仪 “静”的内涵是什么？

3. 幼儿教师职业礼仪 “净”的内涵是什么？

4. 幼儿教师职业礼仪 “雅”的内涵是什么？

学习评价

表 1-2 幼儿教师职业礼仪的特点学习评价表

检测内容	评价标准	自评	组评	师评	综合
1. 理解“敬”的内涵	能够结合生活中的实例领会敬事业、敬幼儿、敬家长、敬同事的内涵				
2. 理解“静”的内涵	能够结合生活中的实例领会静心处事、静心学习、静心修为的内涵				
3. 理解“净”的内涵	能够结合生活中的实例领会仪容净、仪表净的内涵				
4. 理解“雅”的内涵	能够结合生活中的实例领会仪态、谈吐、服饰、风度、气质雅的内涵				

注：优，85 分以上；良，75 ～ 85 分；中，65 ～ 75 分；较差，65 分以下。综合得分为自评、组评、师评 3 项得分的平均分。

模块二

Chapter 2

幼儿教师的形象礼仪

幼儿教师每天都要和孩子、家长以及社会上的人们交往沟通，教师的着装打扮、言谈举止、待人接物等既反映了自身的修养和品位，更是幼儿学习效仿的榜样。良好的教师形象能够增添我们的魅力，增加我们的亲和力，提升我们的影响力。本模块重点从幼儿教师的仪态、仪容、仪表、体态语这4个维度打造幼儿教师文明的礼仪形象。

知识目标

❶ 熟知幼儿教师仪态礼仪规范。
❷ 熟知幼儿教师仪容礼仪规范。
❸ 熟知幼儿教师仪表礼仪规范。
❹ 熟知幼儿教师体态语礼仪规范。

技能目标

❶ 掌握幼儿教师正确的站、坐、走、蹲姿礼仪规范。
❷ 掌握幼儿教师正确的发、面、手臂和腿脚礼仪规范。
❸ 掌握幼儿教师正确的色彩、款式、佩饰等方面的着装礼仪规范。
❹ 掌握幼儿教师正确的情态语言、身势语言、空间语言礼仪规范。

任务01 学习幼儿教师的仪态礼仪

仪态，是指人的身体姿态，包括站姿、坐姿、走姿、蹲姿等各种动作。幼儿教师是幼儿学习的榜样，更应该时刻注意自己的言行举止，做到文明、优雅、敬人，以良好的形象和规范的行为去感染、引导、培育幼儿。

案例导入

某地区的众多幼儿园都不愿意接收某职业学校学前教育专业的学生来园实习、见习，更别说聘用该校毕业生了。学校到幼儿园了解情况，幼儿园园长普遍反映说："你们的学生走没个走样，坐没个坐样，吃没个吃相，幼儿家长不是要求给孩子调班，就是要求转园，直接影响了我们的办园形象、招生和办园效益，我们怎么敢用呢？"

思考与讨论

1. 幼儿园不愿接收这所职校学生实习的深层次原因是什么？

2. 你认为幼儿教师应该具有怎样的仪态呢？

礼仪知识

一、幼儿教师站姿礼仪

（一）基本站姿要领

（1）双脚并拢，双脚踝并拢，双腿直立，双膝并拢。

（2）身躯直立，提臀，立腰，收腹，挺胸，双肩舒展并略下沉。

（3）手臂自然下垂，中指贴于裤缝（或裙子侧缝）。

（4）头正，颈直，双目平视，下颌微收，面带微笑。

基本站姿训练可以使身体更加协调、自然、挺拔，展现青春活力与朝气，同时能塑造自然愉悦的表情，增强对幼儿的“亲和力”。基本站姿如图2-1、图2-2所示。

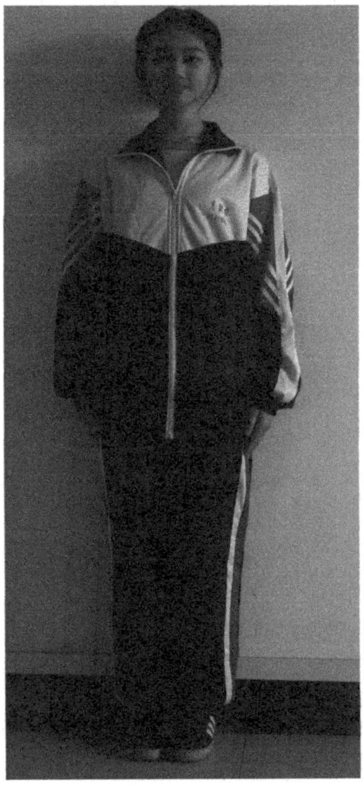

图 2-1　基本站姿正面

图 2-2　基本站姿侧面

（二）站姿变化礼仪

1．肃立

（1）脚尖分开呈15°，其他部位要领与基本站姿训练要求相同。

（2）脚尖分开呈30°，其他部位要领与基本站姿训练要求相同。

（3）脚尖分开呈45°，其他部位要领与基本站姿训练要求相同。

这3 种站姿适用于长时间在正式场合站立的情况。

2．前搭手站立

双脚脚尖分开，或以小“丁”字步站立。左手握虚拳，右手握住左手手背，双臂自然下垂置于腹前。

收紧小腹，手与小腹之间应有1cm 以上的距离。其他部位要领与基本站姿训练相同，如图2-3 所示。

3．休闲站姿

双脚前后分开，以“丁”字步站立，身体重心放在脚后跟上。双手可以相握并自然垂放在小腹前，也可以自然下垂放于体侧，如图2-4 所示。

图 2-3　前搭手站立

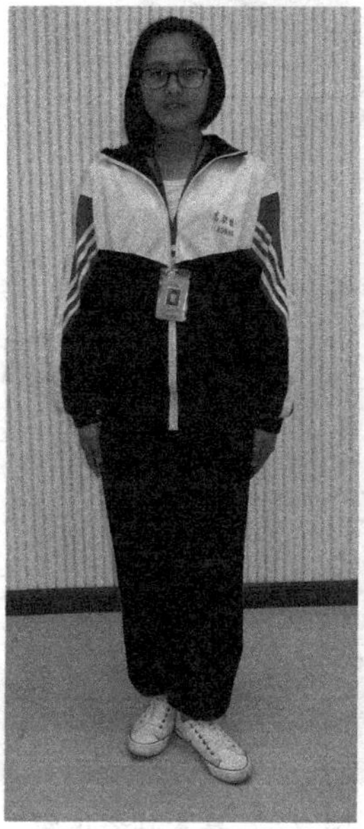

图 2-4　休闲站姿

4. 鞠躬

一般情况下，行鞠躬礼的基本要求是：行礼者和受礼者互相注目，不得斜视和环顾，行礼者在距受礼者2m左右。行礼时，身体上部前倾15°～90°，且受礼者应以与行礼者的上体前倾幅度大致相同的鞠躬还礼，如图2-5所示。

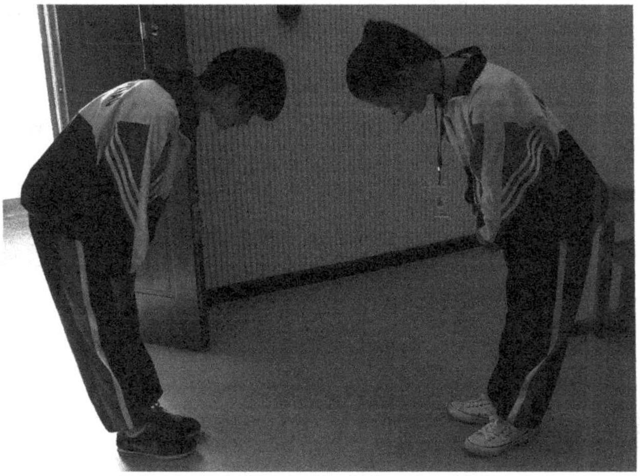

图2-5 鞠躬

（三）站姿礼仪注意事项

（1）幼儿自由活动时，幼儿教师可以采用休闲站姿，或用手撑住桌沿，把重心移到某只脚上，但不能长时间手撑桌面，免得幼儿认为幼师疲惫不堪，影响幼儿情绪。

（2）擦黑板时，教师的站立要稳，不能全身猛烈抖动，左右摇晃，此举会破坏教师形象。

（3）教师讲课时不能呆板地站定在一点上，而应适当地移动位置，或到幼儿座位间进行巡视。

（4）忌侧身而站。心理学研究表明，侧身而站和面向黑板而站说明教师的心理是封闭的，不利于与幼儿交流，而且会给幼儿留下缺乏亲和力的印象。

（5）忌站时重心移动太快。站立时重心忽左忽右，显得信心不足、情绪紧张、焦虑。面对幼儿站稳，表明教师准备充足，有信心上好这堂课，有能力控制整个教学局面。

（6）忌远离讲桌，站在讲台的前左角或前右角；忌“打游击”式的左右来回移动；在幼儿座位间频繁踱来踱去，既不符合礼仪规范也不符合卫生要求。

（7）忌教师把双手交叉抱在胸前或背在身后，这些动作会给幼儿一种傲慢、不可亲近的感觉。

（8）如果站立过久，可以将左脚或右脚交替后撤一步，但上身仍需挺直，脚不可伸得太远，双腿不可叉开过大，变换也不能过于频繁。

（9）站立时，忌全身不够端正、双脚叉开过大、双脚随意乱动、无精打采、自由散漫的姿势。

二、幼儿教师坐姿礼仪

（一）基本坐姿要领

图 2-6　基本坐姿

标准的坐姿包括入座、坐定和离座。

（1）入座时要轻稳。走到座位前面转身，右脚后退半步，左脚跟上，然后轻稳地坐下。如果是裙装，在入座时应当顺势整理一下裙子，使裙子后面保持平整，然后落座。

（2）入座后上体自然挺直，挺胸，双膝自然并拢，双腿自然弯曲，双肩平整放松，双臂自然弯曲，双手或掌心向下相叠、相握，置于一侧大腿近1/3 处，或双手自然放在双腿上或椅子、沙发扶手上，掌心向下。

（3）头正、嘴角微闭，下颌微收，双目平视，面容平和自然，如图2-6 所示。

（4）坐在椅子上，应坐满椅子的2/3，前不能贴桌边，后不能紧靠椅背，上体与桌椅均保持一拳左右的距离。

（5）离座时要自然稳当。起立时，右脚后收半步，而后站起。离开时，再向前走一步，自然转身离开。

（二）具体坐姿礼仪

1．双手摆法

坐时，双手可采取下列手位之一。

（1）有扶手时，一手放在扶手上，另一手仍放在腿上或双手叠放在侧身一侧的扶手上，掌心向下。

（2）无扶手时，双手平放在双膝上或两手相交、轻握放于腿上。

（3）双手叠放，放在一条腿的中前部。

2．双腿摆法

幼儿女教师坐姿不管怎样变化，有一条原则是不变的，即任何时候坐下时都应保持双膝并拢，不能分开，着裙装时尤为重要。

（1）椅凳较低时，双腿并拢，向左侧或右侧平移一只脚的宽度，这种姿势最为优美，如图2-7 所示。

（2）椅凳较高时，双腿可在脚踝处交叉，如图2-8 所示。在非正式场合可将一条腿放在另一条腿上（俗称二郎腿），但两小腿要尽量靠拢，脚尖向下压，如图2-9 所示。

3．双脚摆法

（1）脚跟脚尖全靠或一靠一分，也可一前一后（可靠拢也可稍分），还可右脚放在左脚外侧。

（2）无论何种姿势，都绝不可以将鞋底对着别人。

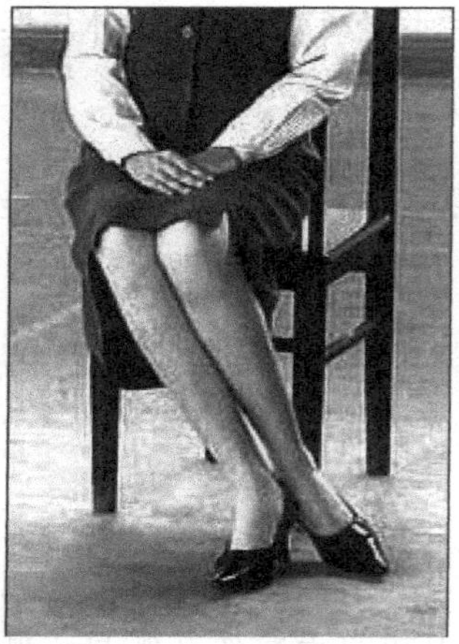

图 2-7　双腿摆法 1

图 2-8　双腿摆法 2

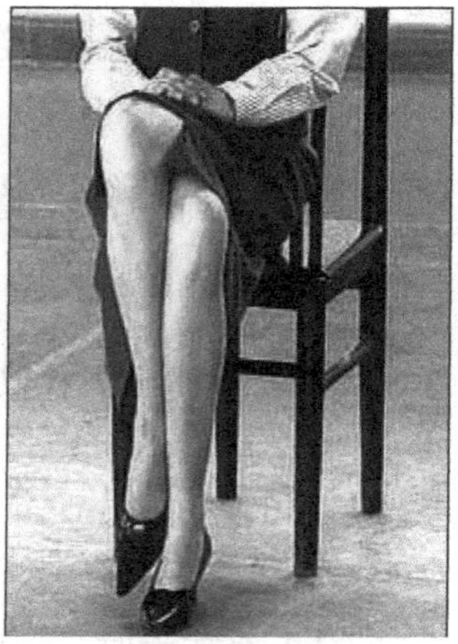

图 2-9　双腿摆法 3

4．几种基本坐姿训练

（1）标准式，如图2-10 所示。

（2）侧点式，如图2-11 所示。

（3）前交叉式，如图2-12 所示。

（4）后点式，如图2-13 所示。

（5）曲直式，如图2-14 所示。

（6）侧挂式，如图2-15 所示。

（7）重叠式，如图2-16 所示。

图 2-10　标准式

图 2-11　侧点式

图 2-12　前交叉式

图 2-13　后点式

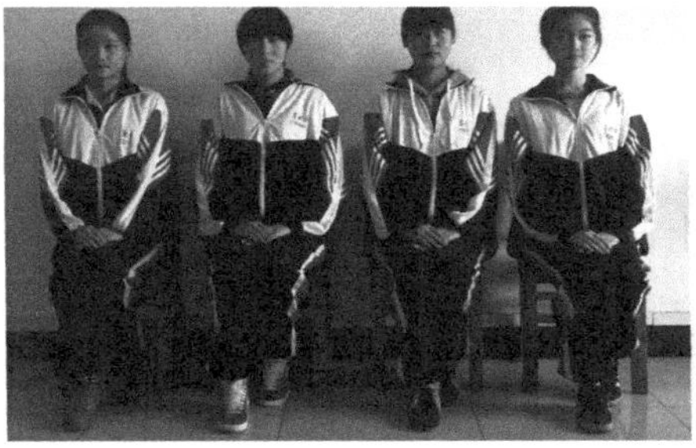

图 2-14　曲直式

图 2-15　侧挂式

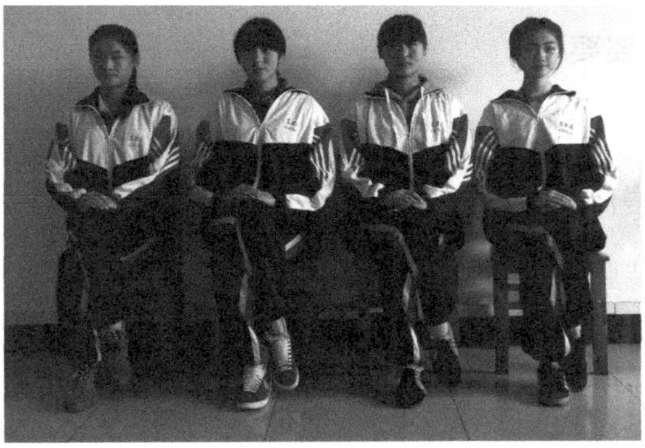

图 2-16　重叠式

（三）幼儿教师坐姿注意事项

（1）坐时不可前倾后仰、歪歪斜斜。

（2）双腿不可过于叉开，或长长地伸出。

（3）坐下后不可随意挪动椅子。

（4）不可将大腿并拢，小腿分开，或双手放于臀部下面。

（5）不可高架 “二郎腿”。

（6）不可腿、脚不停抖动。

（7）不要猛坐猛起。

（8）与人谈话时不要用手支着下巴。

（9）坐沙发时不应太靠里面，不能呈后仰状态。

（10）双手不要放在两腿中间。

（11）脚尖不要指向他人。

（12）不要脚跟落地、脚尖离地。

（13）不要双手撑椅起立。

（14）不要把脚架在椅子或沙发扶手上，也不能架在茶几上。

（15）不要先于尊者落座或离席。

三、幼儿教师走姿礼仪

（一）基本的走姿要领

（1）头正，两眼向前平视。

（2）肩平，双肩自然下垂。

（3）躯挺，保持腰背部直立，不左右摇摆，挺胸、抬头、收腹。

（4）步位直。两只脚的脚尖朝向正前方。

（5）步幅适度，双脚间距离一般为脚长的1～1.5倍。

（6）步速平稳。一般的课堂行走，步频慢，每秒1～2步，且步幅小；欢快、热烈的场合步频较快，每秒约2.5步，步幅应较大；庄严的大会，步频以每秒2步为好，步幅自然。

（二）具体的走姿礼仪

1．步度

步度是指每跨出一步时双脚之间的距离。标准步度为一脚至一脚半，即前脚跟与后脚尖之间的距离为本人脚长度（所穿鞋的长度）的1～1.5倍。穿不同款式服装时步度也不一样，正装较休闲装和运动装要小。

2．步位

步位是指行进时脚迈出后落地的位置。走路时两只脚的脚尖都要朝向正前方，“内八字”和 “外八字”都是不美观的走姿。幼儿女教师日常走路标准步位：向正前方走时，左脚内侧边缘与右脚内侧边缘应当落在一条直线上，别人从正面看时两腿之间应基本无缝隙。

3．步高

步高是指行走时抬脚的高度。行走时脚不能抬得过高，过高看上去缺乏稳健感；也不能抬得过低，脚后跟在地上拖着走，这样给人的感觉是缺乏朝气、老态龙钟。

4．变向走

（1）后退步。向他人告辞时，应先向后退两三步再转身离去。退步时，脚要轻擦地面，不可高抬小腿，后退的步幅要小。转体时要先转身体，头稍候再转。

（2）侧身步。当走在前面引导来宾时，应尽量走在宾客的左前方。髋部朝向前行的方向，上身稍向右转体，左肩稍前，右肩稍后，侧身向着来宾，与来宾保持两三步的距离。当走在较窄的路面或在楼道中与人相遇时，也要采用侧身步，两肩一前一后，并将胸部转向他人，而不可将后背转向他人。

（三）走姿注意事项

（1）切忌方向不定、忽左忽右。

（2）切忌体位失当，摇头、晃肩、扭臀。

（3）切忌扭来扭去的 “外八字”步和 “内八字”步。

（4）切忌左顾右盼，重心后坐或前移。

（5）与多人走路时，切忌勾肩搭背、奔跑蹦跳、大声喊叫等。

（6）切忌双手反背于背后。

（7）切忌双手插入裤袋。

四、幼儿教师蹲姿礼仪

（一）基本蹲姿要领

（1）下蹲拾物时，应自然、得体、大方，不遮遮掩掩。

（2）下蹲时，应两腿合力支撑身体，避免滑倒。

（3）下蹲时，应使头、胸、膝关节在一个角度上，使蹲姿优美。

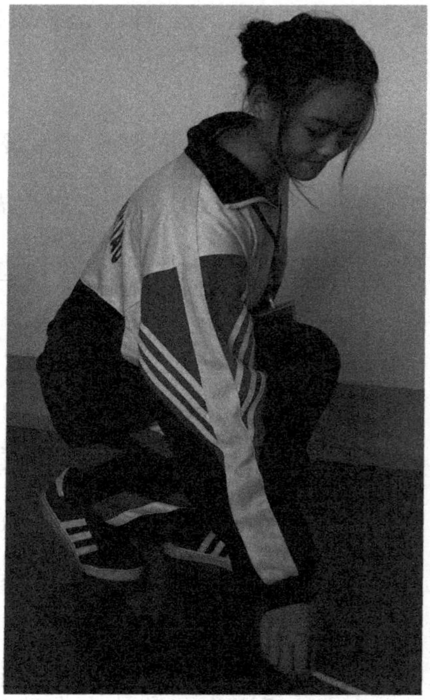

图 2-17　下蹲拾物姿势

（4）幼儿女教师无论采用哪种蹲姿，都要将腿靠紧，臀部向下。并膝下腰，一脚在前，一脚在后。前脚全着地，小腿基本垂直于地面；后脚脚跟抬起，前脚掌着地，膝盖基本着地。背部挺直，不弯曲，以免露出内衣。起身时，直起，如图2-17 所示。

（二）蹲姿变化礼仪

1. 高低式蹲姿

下蹲时，双腿不并排在一起，而是左脚在前，右脚稍后；左脚应完全着地，小腿基本上垂直于地面；右脚则应前脚掌着地，脚跟提起。此刻右膝低于左膝，右膝内侧可靠于左小腿的内侧，形成左膝高右膝低的姿态。臀部向下，基本上用右腿支撑身体，如图2-18 所示。

2. 交叉式蹲姿

交叉式蹲姿通常适用于女性，尤其是穿短裙的人员，它的特点是造型优美典雅。其特征是蹲下后两腿交叉在一起，其要求是下蹲时左脚在前，右脚在后，左小腿垂直于地面，全脚着地，左腿在上，右腿在下，二者交叉重叠；右膝由后下方伸向左侧，右脚跟抬起，并且脚掌着地；两脚前后靠近，合力支撑身体；上身略向前倾，臀部朝下，如图2-19 所示。

图 2-18 高低式蹲姿

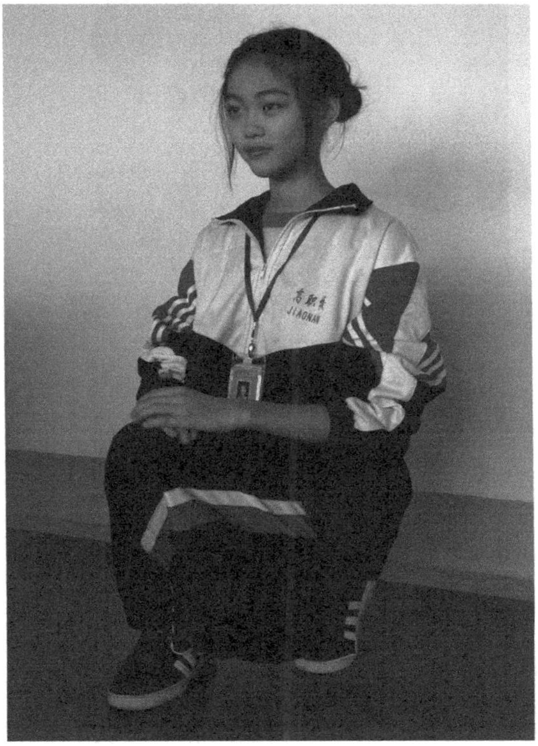

图 2-19 交叉式蹲姿

3．半蹲式蹲姿

半蹲式蹲姿多于行进之中临时采用。基本特征是身体半立半蹲，其要求是在下蹲时上身稍许弯下，但不宜与下肢构成直角或锐角；臀部向下而不是向上撅起；双膝略为弯曲，其角度根据需要可大可小，但一般均应为钝角；身体的重心应放在一条腿上，如图2-20 所示。

4．半跪式蹲姿

半跪式蹲姿又叫单跪式蹲姿。它是一种非正式蹲姿，多用于下蹲时间较长，或为了用力方便之时。它的特征是双腿一蹲一跪。其要求是：下蹲之后，改为一腿单膝着地，臀部坐在脚跟之上，而以其脚尖着地；另外一条腿则应当全脚着地，小腿垂直于地面；双膝应同时向外，双腿应尽力靠拢，如图2-21 所示。

图 2-20　半蹲式蹲姿

图 2-21　半跪式蹲姿

（三）蹲姿注意事项

（1）弯腰捡拾物品时，两腿叉开，臀部向后撅起，这是不雅观的姿态。两腿展开平衡下蹲，其姿态也不优雅。

（2）幼儿女教师蹲时内衣 “不可以露，不可以透”。

礼仪训练

（一）站姿、走姿礼仪训练

1．训练情境

幼儿园召开家长会，一名教师被安排在幼儿园门口接待并引导幼儿家长到会议室；一名教师被安排做发言。

2．训练要求

按学习组进行角色扮演，练习站姿、走姿礼仪。一位同学表演时，其他同学为观察员，进行点评。

（二）仪态礼仪训练

1．训练情境

幼儿园举行教师招聘会，招聘园长故意在会场地板丢下一片废纸。

2．训练要求

摆上一张椅子。按学习组分别扮演园长和教师，练习站姿、走姿、蹲姿和坐姿礼仪。其他同学为观察员，进行观察评价。

资料贴吧

走姿练习技巧

1．行走辅助训练

（1）摆臂。人直立，保持基本站姿。在距离小腹两拳处确定一个点，两手呈半握拳状，斜前方均向此点摆动，由大臂带动小臂。

（2）展膝。保持基本站姿，左脚跟抬起，脚尖不离地面，左脚跟落下时，右脚跟同时抬起，两脚交替进行，脚跟提起的腿屈膝，另一条腿膝部内侧用力绷直。做此动作时，两膝靠拢，内侧摩擦运动。

（3）平衡。行走时，在头上放个小垫子或书本，用左右手轮流扶住，在能够掌握平衡之后再放下手进行练习，注意保持物品不掉下来。通过训练，使背脊、脖子竖直，上半身不随便摇晃。

2．迈步分解动作练习

（1）保持基本站姿，双手叉腰，左脚擦地前点地，与右脚相距一个脚长，右腿直腿蹬地，髋关节迅速前移重心，成右后点地，然后换方向练习。

（2）保持基本站姿，两臂体侧自然下垂。左脚前点地时，右臂移至小腹前的指定点位置，左臂向后斜摆，右腿蹬地，重心前移成右后点地时，手臂位置不变，然后换方向练习。

3. 行走连续动作训练

（1）左腿屈膝，向上抬起，提腿向正前方迈出，脚跟先落地，经脚心、前脚掌至全脚落地，同时右脚后跟向上慢慢垫起，身体重心移向左腿。

（2）换右腿屈膝，经过与左腿膝盖内侧摩擦向上抬起，勾脚迈出，脚跟先着地，落在左脚前方，两脚间相隔一脚距离。

（3）迈左腿时，右臂在前；迈右腿时，左臂在前。

（4）将以上动作连贯进行，反复练习。

知识巩固

1. 幼儿教师正确的站姿礼仪要求有哪些？有哪些需要特别注意的事项？
2. 幼儿教师正确的坐姿礼仪要求有哪些？有哪些需要特别注意的事项？
3. 幼儿教师正确的走姿礼仪要求有哪些？有哪些需要特别注意的事项？
4. 幼儿教师正确的蹲姿礼仪要求有哪些？有哪些需要特别注意的事项？

学习评价

表 2-1　幼儿教师仪态礼仪学习评价表

检测内容	评价标准	自评	组评	师评	综合
1. 幼儿教师站姿礼仪	① 掌握幼儿教师基本站姿礼仪：头正颈直，双目平视，挺胸收腹，双肩平齐，双膝并拢				
	② 能根据不同的工作情境，合理运用前搭手、鞠躬等各种变式站姿				
	③ 能辨识、纠正各种不良站姿				

续表

检测内容	评价标准	自评	组评	师评	综合
2．幼儿教师坐姿礼仪	① 掌握幼儿教师入座、离座的基本坐姿礼仪				
	② 能根据不同的工作情境，合理运用侧点式、后点式等各种变式坐姿				
	③ 能辨识、纠正各种不良坐姿				
3．幼儿教师走姿礼仪	① 掌握幼儿教师基本走姿礼仪：头正颈直，上身挺直，双肩平稳，重心前倾，步幅恰当，速度适中				
	② 能根据不同的情境，灵活运用前进、后退等各种变向走姿				
	③ 能辨识、纠正各种不良走姿				
4．幼儿教师蹲姿礼仪	① 掌握幼儿教师基本蹲姿礼仪：身体直立，双膝靠近，臀部向下，脚掌支撑				
	② 能根据不同的工作情境，恰当运用高低式、交叉式等各种变式蹲姿				
	③ 能辨识、纠正不良蹲姿				

注：优，85 分以上；良，75 ～ 85 分；中，65 ～ 75 分；较差，65 分以下。综合得分为自评、组评、师评 3 项得分的平均分。

任务02 学习幼儿教师的仪容礼仪

仪容，通常是指人的容貌。其中，面貌是人的仪容的重点。仪容在很大程度上取决于先天遗传因素，但 “三分长相，七分打扮”，后天的修饰、美化作用同样不可忽视。随着社会发展，幼儿教师在保持健康、向上的自然形象礼仪的基础上，还应注重适度的修饰美。

案例导入

××集团公司董事长卫××有一次要接受电视台的采访，其事前特意向公司为自己特聘的个人形象顾问咨询有无特别需要注意的事项。对方专程赶来后仅仅向董事长提了一项建议：换一个较为儒雅而精神的发型，并且一定要剃去鬓角。果不其然，改换了发型的卫董事长在电视上一亮相，形象确实焕然一新。他的新发型使他显得精明强干，他的谈吐使他显得深刻稳健，二者相辅相成，令电视观众纷纷为之倾倒。

思考与讨论

1. 观众因何为卫董事长所倾倒？

2. 该案例对我们的仪容修饰有什么启迪？

礼仪知识

一、仪容美的内涵

（1）自然美：即先天条件好，天生丽质。这是仪容美的基础。

（2）修饰美：指依照规范与个人条件，对仪容进行必要修饰。这是仪容美的重点。

（3）内在美：指通过学习和修养所具备的高雅气质与美好的心灵。这是仪容美所要达到的最高境界。

幼儿教师的职业仪容美是以上3个要素的高度统一。

二、幼儿教师职业仪容礼仪的主要内容及具体要求

1．发

发位于人体的“制高点”，正常情况下，人们观察一个人往往是“从头开始”的。因此良好的职业形象需要有与职业相符合的发型。幼儿教师的发型要以大方、美观为主；不染发、不剪怪异发型，做到发型与职业、体型、服装相吻合。具体要求是：男教师发前不履额，后不及领，侧不掩耳，面不留须，不留大鬓角；女教师发前不遮眼，后不披肩，上班时要将过长的头发束起或盘起，不随意披散，不因发型、发饰引起幼儿的过分注意。适宜女教师的发型有麻花辫、马尾辫、童花式、运动式等。

资料贴吧

脸型与发型

长方形脸：宜将头发留至下巴，留点刘海或两颊头发剪短些，以减小脸的长度。也可将头发梳成饱满柔和的形状，顶部平伏，前发下垂，适当增加两侧发容量，使脸有较圆润之感，缓解由于脸长而形成的严肃感。

方脸：头发宜向上梳，轮廓应蓬松些，圆形的头发轮廓可以消弱方脸的刚毅感；也可将头发编发辫盘在脑后，或用不对称的刘海遮挡宽直的前额边缘线，增加脸的纵长感，弱化别人对脸部方正线条的注意；不宜把头发压得太平整，不宜留齐腮直短发，不宜留齐整的刘海，不宜全部暴露额部。

圆脸：宜选择垂直向下的发型，顶发适当丰隆，使脸型显长；或侧分头发，以不对称的发量与形状来减弱圆脸的宽度。

三角形脸："由"字形脸应力求上厚下薄、顶发丰隆。双耳之上头发宽厚，双耳之下限量，以减小腮的宽度感，前额不宜外露。"甲"字形脸宜选短发，并露出前额，双耳之下发量适当增多，但勿过于丰隆或垂直；或选择不对称发式，增加甜美感。

菱形脸：一般应将额上部头发拉宽，额下部头发紧缩，靠近颧骨处做成卷发，以遮盖凸出的颧骨，消弱脸型扁平特征；不宜留刘海，面颊两侧也不宜隆发。

椭圆形脸：这是女性中最完美的脸型，采用直发和短发皆可。但应尽可能地将脸型显现出来，不宜用头发把脸过多遮盖。

发型与体型亦相关：如身材高挑者不宜盘发于顶，以免使自己显得"孤苦伶仃"；身材矮小者宜选短发，使自己在视觉上"冲高"；身材瘦长者可选"波浪式"卷发，使自己更加丰盈等。

2. 面

面容是仪容的重中之重，既体现一个人的审美意识，又能体现对他人的礼貌。

幼儿教师修饰面容时首先要注意清爽，无灰尘，无汗渍，无油污，无分泌物和其他不洁之物。

幼儿教师要注意讲究和保持卫生。幼师们大多正处于青春阶段，身体内分泌旺盛且不平衡，面部皮肤敏感，容易长粉刺、青春痘甚至痤疮，因此讲究卫生和保持卫生相当重要。

资料贴吧

皮肤类型与洗面奶的选择

1. 油性皮肤：油性皮肤因为皮肤分泌的油脂比一般人多，所以需要选择一些清洁能力比较强的产品。通常需要选择一些皂剂产品。因为皂剂产品去脂力强，又容易冲洗，洗后肤感非常清爽。

2. 混合型皮肤：这类皮肤主要是T字部位比较油，脸频部位则一般为中性皮肤，也可能是干性皮肤。所以这种皮肤要在T字位和脸频部位取个平衡，不能只考虑T字位的清洁而选一些去脂力非常强的产品。一般情况下，在夏天可选用一些泡沫型洗面奶，在秋冬季节，因为油脂分泌没有那么旺盛，便可换成普通无泡沫型洗面奶。

3. 中性皮肤：这类皮肤是最容易护理的。一般选一些泡沫型洗面奶就可以了。因为其洗后感觉滋润，不紧绷。当然，在秋冬季节，感觉皮肤比较干的时候，也可以改用一些无泡沫型洗面奶。

4. 干性皮肤：这类皮肤最好不要使用泡沫型洗面奶。可以用一些清洁油、清洁霜或者是无泡型洗面奶。

幼儿教师还应注意眉、眼、口、鼻、耳、颈部位的整洁卫生。如应保持眉毛完整，切忌修成过细的眉；注重眼睛卫生，预防各种眼病；保持口腔清洁卫生，注意刷牙与漱口，避免残留物与异味；鼻垢应及时清理；注意耳屎的清理和颈部卫生。

幼儿女教师应适当化妆。化妆是一门生活艺术，正所谓 “三分容貌，七分打扮”。幼儿女教师自然、大方、淡雅的妆容既修饰美丽自我，又体现了良好的心态和对工作场合中交往对象的尊重。一般来说，年轻女教师化妆要突出清新、自然之感；中年女教师则应以淡雅为主，突出优雅、自然之感。

资料贴吧

彩妆的基本技巧

第一步，洁面。彻底清洁面部后拍打化妆水，用护肤霜做好基础保养。

第二步，打粉底。粉底用于面部遮瑕，调整皮肤色调和增强面部立体感。膏状粉底适用于面部瑕疵过多或舞台浓妆，乳液状粉底适用于生活妆。涂抹时采用按印的手法，在额头、脸颊、鼻子、唇周和下颌等部位，用专用海绵由上至下依次将底色涂抹均匀。注意额头与发际、脸部与脖子等部位之间的衔接，不能出现黑白分明的底妆。

第三步，修饰眉。根据自己的脸形选择适合自己的眉形，修整后再正确描眉。眉的颜色从眉头到眉峰应由淡至浓，从眉峰到眉尾又轻轻淡化，颜色自然消失在眉尾。注意 “下笔要轻”。

第四步，眼部化妆。幼儿教师进行眼部化妆时要体现 “清洁” 感。眼线不能化得过宽，用眼线笔贴着睫毛根部位置轻画上一条流畅的眼线，不用画下眼线。然后用睫毛刷蘸取睫毛膏从睫毛根部向上、向外轻刷。选择眼影时，可与自己的服装相搭，用眼影刷小范围地刷在上眼睑的中央区域，然后慢慢向两边晕染。

第五步，面颊修饰。腮红可以帮助修正脸形，让人显得气色好。选择腮红应以暖色为主，选好后以颧骨下部为起点斜着轻刷。注意，腮红面积不宜过大，颜色不宜过艳。

第六步，唇部修饰。口红对面部化妆起着画龙点睛的作用。涂抹时可将口红直接抹在唇部，先涂上唇内侧，再涂外侧。涂完后，用纸巾吸一下浮油，再涂一次。最后将唇彩点缀在唇中央即可。

第七步，修正补妆。检查化妆效果，进行必要的调整、补充、修饰和矫正。

3．手臂和腿脚

手臂是幼儿教师工作中运用最频繁的身体部位，一双保养良好、干净秀美的手臂能给自己增添美感和协调，给他人留下深刻而美好的印象。幼儿教师应勤洗手，保持手臂卫生，同时要注意适当修饰，如勤剪指甲，不涂指甲油或彩绘，不外露腋毛等。

通常观察人有 “远看头，近看脚”的习惯，所以幼儿教师要注意下肢清洁与适当修饰，避免出现 “凤凰头，扫帚尾”上下不称的情况。一是保持下肢清洁，勤洗脚，勤换袜子，定期换洗鞋子等；二是注意腿的适度掩饰，如不裸大腿，不赤脚，不露趾等。

礼仪训练

一、训练情境

下个星期，学校要组织同学们到幼儿园见习。请同学们按学习组相互讨论，为每个同学确定一款适合的发型，并模拟化工作淡妆。

二、训练要求

（1）能根据自己的脸形正确选择合适的发型，保持头发干净卫生。

（2）掌握简单的彩妆技巧。掌握彩妆的基本步骤和注意要点。

知识巩固

1. 幼儿教师仪容礼仪的内涵包括哪些方面？

2. 幼儿教师发型有什么要求？

3. 幼儿教师面、手臂、腿脚的卫生要求是什么？

4. 掌握简单的彩妆技巧。

学习评价

表 2-2　幼儿教师仪容礼仪学习评价表

检测内容	评价标准	自评	组评	师评	综合
1. 仪容美的内涵	知悉仪容美的 3 个要素，有正确的审美观				
2. 发	① 能根据自己的脸形选择合适的发型				
	② 发型要符合幼儿教师的职业特点				
3. 面	① 熟悉幼儿教师面容修饰的基本要求				
	② 能根据自己的皮肤类型选择合适的洗面奶				
	③ 掌握简单的彩妆技巧，化妆自然、大方、淡雅				
4. 手臂和腿脚	干净卫生，适度掩饰，力避外露				

注：优，85 分以上；良，75 ～ 85 分；中，65 ～ 75 分；较差，65 分以下。综合得分为自评、组评、师评 3 项得分的平均分。

任务03 学习幼儿教师的仪表礼仪

仪表，是指一个人的外表。本节所谈的“仪表”，重点在于幼儿教师的服饰。

服饰被视为人的“第二肌肤”，既有实用性功能，为人遮风挡雨、防暑御寒、蔽体掩羞；又具有装饰性功能，为人美化身体，展示个体，展现精神风貌、生活情趣和审美修养等；还具有社会性功能，标明一个人的社会地位、社会职业等。

案例导入

张丽是一名年轻的幼儿教师，人漂亮，爱打扮，是一个标准的潮女。初春，乍暖还寒，她就迫不及待地换上了薄裙，烫了多色的卷发。第二天，班上的小女孩子都穿上了薄薄的裙子。有个女孩还告诉妈妈：“妈妈，我们教师今天头发好奇怪哦，什么颜色都有，能不能给我也做一个？”第三天，班上的女孩都冻感冒了。

思考与讨论

1. 为什么班上的女孩都换上了薄薄的裙子？

2. 张教师的仪表合适吗？为什么？

礼仪知识

一、幼儿教师着装基本礼仪

1. 色彩

幼儿教师服饰的色彩应该是明快的、温暖的。研究表明，儿童乃至青少年，对明快、温暖的色彩特别感兴趣，所以白、苹果绿、柠檬黄、天蓝、粉红、湖蓝、橘黄等颜色是女教师的首选，它有利于吸引幼儿的注意力，增加对幼儿的亲和力，激发幼儿积极、愉悦的心理情感，促进幼儿心智的发展。相反，灰暗、呆板的颜色会使幼儿反应迟钝、心生困倦。

（1）根据肤色选择适合的颜色

人的皮肤是有颜色的。比如，有些人皮肤偏黄，有些人皮肤偏红。同一种颜色的面料衬托两张不同的脸时，一张脸显得丰润、年轻，甚至连脸上的皱纹、斑点都隐没在焕发的光彩里，让人忽视了它们的存在；而另一张脸却在这种颜色的衬托下黯然失色，脸色发黄、发灰，皱纹、斑点清晰可见。因此，服饰颜色的选择不是找到自己喜欢的颜色，而是要找到适合自己的颜色。

“四季色彩理论”将生活中常用的颜色按照其基调不同划分为四大类，各类颜色特征恰好与大自然的四季颜色特征相吻合，故分别命名为“春”“夏”“秋”“冬”，如表2-3 所示。

（2）根据季节变换适合的颜色

鉴别出自己的色彩属性后，可以根据季节不同适当变换一下服装颜色（表2-4 为四季色彩属性与适合服装颜色列表）。春天明快，夏天凉爽，秋天暖柔，冬天深沉。

表 2-3 四季色彩理论表

		春	夏	秋	冬
自然特征		阳光明媚，草木冒出黄绿色新芽，漫山遍野开满桃花、杏花、樱花。到处是明亮、鲜艳、轻快的颜色	春天的新绿已经变成了浅正绿色。阳光照在海面上，周围是一片雾蒙蒙的、浅浅淡淡的水蓝色，一切看起来朦胧和梦幻	树木的叶子慢慢变成金黄色，地上铺满了枯黄的落叶，自然界的色彩是华丽、厚重、浓郁的	白色覆盖的大地与黑色的树干以及漫漫无尽的黑夜都鲜明地存在。人们拿着大红大绿的礼物准备过年。一切看起来都显得纯正、饱和、对比鲜明
该季节型人的特征	皮肤	浅淡透明的象牙色	细腻而白净，面带冷玫瑰色色晕	匀称的深象牙色，皮肤不易出现红晕	青白的小麦色或土褐色
	眼睛	明亮有神、浅棕黄色眼球	眼神柔和、深棕色或黑色眼珠	眼神沉稳，深棕色眼珠	眼神锋利，黑色眼珠
	头发	柔软的棕黄色	柔软的棕黑色	偏黑的深棕色	乌黑浓密
适合的典型色彩		清新的黄绿色、杏色、亮金色、浅棕色、浅鲑肉色	淡蓝色、蓝灰色、薰衣草紫、粉红、浅正绿	橙色、金色、褐色系、橄榄绿、芥末黄、凫色、深棕色	银灰色、纯黑色、深紫色、海军蓝、玫瑰粉红

表 2-4 四季色彩属性与适合服装颜色表

色彩属性	春	夏	秋	冬
红色系中可选颜色	清新的橙红	清新的正红	橙红	正红
粉红色系中可选颜色	清新的珊瑚色、浅杏桃色、浅鲑肉色	所有粉红色系	珊瑚色、杏桃色、鲑肉色	桃红、鲜艳的粉红、冰粉红
橙色系中可选颜色	清新的橙色系	无	所有的橙色系	无
黄色系中可选颜色	清新的柠檬黄、柔和的带金黄色调的黄	粉彩的柠檬黄	所有带金黄色调的黄	正黄、冰黄
棕褐色系中可选颜色	任何浅且柔和的棕褐色系，如淡棕色、骆驼色、金褐色	带玫瑰色、烟灰色的棕褐色系，如可可色、灰褐色	所有的棕褐色系	黑褐色
绿色系中可选颜色	清新的黄绿色系	各种不鲜艳的蓝绿色系	浓郁的暖绿色，如黄绿色、橄榄绿、杉叶绿	正绿、鲜艳的蓝绿、深绿、冰绿
蓝色系中可选颜色	各种清新的蓝、紫蓝	任何蓝色，只要不过于鲜艳	浓郁的紫蓝、绿蓝	任何鲜艳的蓝，强正蓝、宝蓝、水蓝、冰蓝以及海蓝

续表

色彩属性	春	夏	秋	冬
紫色系中可选颜色	清新的、偏黄的紫色系	粉紫、淡紫和不鲜艳的紫	浓郁的、偏黄的紫色系	任何鲜艳的紫、冰紫
黑色系中可选颜色	可将黑色作为点缀色	烟黑色	铁灰色	黑色
白色系中可选颜色	牛奶白及较浅的象牙白	牛奶白	任何带有黄调的白，如象牙白、米白色	纯白
金色系中可选颜色	亮金色	无	所有的金色	无

（3）根据体型选择合适的色彩

幼儿教师可以运用不同色彩的不同观感来修正、掩饰身材的不足，并强调突出身材的优点。一般而言，浅色调和艳丽色彩有前进感和扩张感，深色调和灰暗色彩有后退感和收缩感。因此，对于上轻下重的体型，宜选用深色轻软的服饰，以此来削弱下肢的粗壮；身材高大丰满的女性，选择外衣搭配时也宜选择深色调；体型娇小者以色彩素淡、线条简单、图案小巧为宜；矮胖者以单一素色为宜，不宜选用闪光发亮的鲜亮衣料或有大型图案的花色布和格子面料。

（4）色彩搭配穿出适合色彩

有些人错误地认为服装颜色越多越好，经常把自己打扮得花枝招展，镶金挂银，结果给人以不雅的印象。其实色不在多，和谐才美。正确的配色方法，应该是选择一两个主色调，占据服饰的大面积，其他少量颜色为辅，作为对比、衬托或点缀重点部位，以取得多样统一的和谐效果。

法则一：同色系搭配。同色系搭配是指相同颜色的深浅、明暗的搭配。如桃红色、粉红色、紫红色，是红色系；黄绿色、草绿色、橄榄绿，是绿色系。若采取全身穿着同色系色彩深深浅浅的搭配方式，如中灰色西装外套搭配淡灰色套头针织衫与深灰色长裤，就可以让整体造型呈现出活泼却协调的美感。

法则二：对比花色搭配。对比花色搭配是指两个相隔较远或相对的颜色的搭配。搭配对比色时，可以先选定一个主色，再以主色的对比色进行其他部分服饰的搭配。如紫蓝色长裤＋奶油黄套头衫；苹果绿迷你洋装＋粉橘腰带等。

对比色的搭配可以释放出色彩的强烈力量，是让你成为幼儿心中最美女教师的一个好方法。

2．款式

幼儿教师的着装应体现职业感、时代感，大方、得体，便于工作，还要考虑与幼儿接触时的卫生与安全，并要给予孩子高雅的审美引导。爱美是人之天性，许多年轻的幼儿女教师喜欢具有时尚感的服装。然而，幼儿教师每天要打扫卫生，照看孩子，带领幼儿进行各种游戏、活动，在示范和照看幼儿时弯腰、下蹲的动作特别多。因此，适宜着运动装和裤装，既方便工作又不会出现不雅的“曝光事件”。同时，幼儿教师在工作时站立时间长，宜选择穿坡跟鞋、平跟鞋，女教师要少穿高跟鞋，以免走路时发出声音分散幼儿的注意力，也避免不小心踩到幼儿，造成安全隐患。

幼儿女教师在穿着西服套裙时，要注意裙长最好不短于膝盖以上3cm，不长于膝盖以下5cm。与西装套裙相配的袜子只能是肉色丝袜，应当选择弹力好的无花纹丝袜，穿着时不可出现任何皱褶或脱丝、破洞现象。任何时候都不允许露出袜口，避免造成“三截腿”，要知道，丝袜露口与内衣外露给人的感觉一样是不雅的。正确搭配如图2-22 所示。

鞋的颜色与式样要和服装相配，保持整洁干净。夏天穿凉鞋时若不穿袜子，就一定要把脚趾甲修剪得干净美观。

图 2-22　幼儿女教师职业装

3．饰品

饰品是一种很好的点缀，用得好能够起到“画龙点睛”的作用。但幼儿教师职业有其特殊性，在选择饰品时必须遵循职业原则。首先是不妨碍工作的原则，上班时不能带胸花、胸针、耳环等饰品，以免划伤幼儿，也不能佩戴太大的坠子、太长的项链、摇曳生辉的耳环、活动时叮当作响的首饰等，以免分散幼儿的注意力。二是有利于工作的原则，如可以选择一些款式、花色适合的丝巾来搭配服装，凸显幼儿教师青春靓丽、活泼、有朝气的形象；常备一只包，将手机、化妆工具、钥匙等放入其中，以免口袋鼓鼓，既妨碍工作，又影响整体造型；身边常备一支书写流畅的笔，随时记录幼儿的日常情况和家长嘱托的事项，给家长和社会展现良好的职业形象。

二、幼儿教师的着装原则

1. TOP 原则

TOP 是英语中时间 （Time）、地点 （Place）、场合 （Occasion）3 个单词的首字母的组合，意即着装应当与时间、地点和所处的场合相协调。选择适时、合体的服装能充分展现自己的职业特点和个人特质，显示高雅的审美情趣。试想，如果一位幼儿女教师穿着紧身短裙或低胸衣服出现在幼儿家长会上，或是穿着高跟鞋带领孩子玩游戏，幼儿家长会对这家幼儿园和教师有信任感吗？

2. 审美教育性原则

幼儿教师的着装兼有潜移默化的育人效应，据心理学研究表明，幼儿的注意力以无意注意为主，任何新奇的刺激都可以成为他们的注意焦点，所以教师如果不顾幼儿的心理特点一味地追求奇装异服，必定会影响对幼儿的教育效果。许多有经验的教师在穿了一件新衣服或换了新发型后，上课之前都要先进教室转一转，让幼儿的好奇心得到满足，不再关注这些与教学无关的刺激物后才正式开始上课。所以，教师着装应遵循简约原则，任何烦琐冗杂的服饰都不适合教师。教师代表着睿智和练达，简单大方的服饰不仅不会吸引幼儿不必要的注意力，也有益于幼儿从小形成正确的审美观。

3. “三不”原则

“三不”原则即 “不土” “不俗” “不暴露”。

不能穿着“土气”，否则起不到“严肃”的教育目的。人常说“亲其师，信其道”，如果教师穿着过于随便，甚至口袋外翻、裤腿上挽，那么学生不仅会感到教师邋遢，而且还会在背后讥讽教师。

不能穿着“俗气”，否则就会给学生的思想教育带来负面的影响。尤其是在这物欲横流的市场经济条件下，教师耳朵上坠的、脖子上挂的、手上戴的，若过于招摇，不仅会让人感到俗气，而且会起到一定的暗示作用——追求“万能的金钱”。

不宜穿着“清凉装”。杜绝穿背心、超短裙、拖鞋进课堂。吊带衫、无袖上衣等“局部暴露”的服饰也最好别穿。要赢得学生的尊重，教师必须垂范在先。

礼仪训练

一、训练情境

（1）案例情境：一天早上，年轻的孟教师戴着一条漂亮的水晶手链，兴高采烈地来到幼儿园，孩子们都说孟教师的手链好看。可就在孟教师指导孩子们进行教学活动时，意外发生了，手链钩到了一个孩子衣服上的扣子，“啪”一声线断了，水晶珠子散落一地。看到这个情形，孩子们纷纷放下手中的操作材料哄抢散落的珠子。顿时，原本安静的活动室乱成了一锅粥，任凭孟教师大声提醒幼儿“安静”“坐下”，也无济于事。由于孩子们非常兴奋，教学活动只好草草收场。事后，园长严厉地批评了孟教师。

（2）模拟工作情境：七月，幼儿园举行教师教学基本功大赛，L 教师报名参赛。她参赛的课题是幼儿中班音乐活动《瑶族舞》。

二、训练要求

（1）请你为孟教师选择合适的饰品。

（2）请同学们帮L教师设计一套参赛服装。

知识巩固

1. 幼儿教师服饰色彩搭配的基本原则是什么？
2. 幼儿教师的职业裙装应注意哪些问题？
3. 幼儿教师佩戴饰品时应注意什么问题？
4. 幼儿教师着装三原则的内容是什么？

学习评价

表 2-5　幼儿教师仪表礼仪学习评价表

检测内容	评价标准	自评	组评	师评	综合
1. 幼儿教师服装的色彩、款式、饰品	① 服饰端庄，不薄、不透、不露				
	② 领口干净，衬衣领口不过于复杂和花哨				
	③ 校牌佩戴在要求的位置				
	④ 衣袋中物品小巧，衣装轮廓不走样				
	⑤ 裙子长短、松紧适宜，拉链拉好，裙缝位正				
	⑥ 衣裤或裙子及上衣的表面无明显的内衣轮廓痕迹				
	⑦ 鞋干净简洁，鞋跟不高不尖				
	⑧ 衣服上没有脱落的头发和头皮屑				
	⑨ 丝袜无勾丝、无破洞、无修补痕迹				
2. 幼儿教师的着装原则	熟知幼儿教师着装的3个基本原则，能根据不同的工作环境选择合适的服装				

注：优，85分以上；良，75～85分；中，65～75分；较差，65分以下。综合得分为自评、组评、师评3项得分的平均分。

任务04 学习幼儿教师的体态语礼仪

体态语是人际交往中传递信息的表情和动作，亦被称作“人体示意语言”“身体言语表现”“态势语”“动作语言”等。在日常人际交往中，体态语是有一定规律可循的。掌握并运用好体态语，不仅有助于理解交际对象的意图，而且能够使自己的表达方式更加丰富，表达效果更加直接，进而使人与人之间更和谐。常见的体态语主要有情态语言、身势语言、空间语言。

身体动作在很多时候都为我们传递着大量的重要信息。美国心理学家艾伯特经过一系列实验发现，在人际交往中，55%的信息是靠身体语言传递的，38%的信息是靠语气（语调、语速、音量等）传达的，只有7%的信息是靠词语来传达的。研究还发现，词语通常表达的是我们所思考的东西或概念，而体态语则更多的是传递出我们的情绪和感受。幼儿教师的一个微笑能使孩子感受到爱和接纳，消除初入园时的陌生和恐惧；幼儿教师的一次抚摩可以抚平孩子因与同伴矛盾而产生的委屈……让我们一起来学习和体会体态语的神奇和奥妙吧！

案例导入

李思思是一名幼儿教师，领导安排的工作，她都认真对待，一丝不苟，园长对她抱有很大的期望。但最近有不少家长打电话，说孩子不喜欢李教师，要求给孩子调班或更换教师。原来李教师为了在孩子面前保持“师道尊严”，树立威信，整天板着脸，对孩子没有一点笑模样；李教师还特别喜欢吃大蒜等食物，和幼儿说话时“带味”；和孩子做游戏时很懒散，有孩子过来说“教师，和我们一起玩嘛”，她会不耐烦地说“去去去，自己玩去”；李教师还经常用一个指头对孩子指指点点等。

思考与讨论

1. 为什么李教师工作认真却得不到家长的认可？

2. 为什么孩子们都不喜欢李教师？

礼仪知识

一、幼儿教师的情态语言

情态语言是指人脸上各部位动作构成的表情语言。人的面部表情是人内心世界的“荧光屏”，通过面部眉毛、眼睛、嘴巴、鼻子、舌头和面部肌肉的综合运用以向对方传递自己丰富的心理活动。

人的复杂心理活动无不从面部显现出来。据心理学家艾伯特研究发现，人的情感表达有45%靠的是有声语言（其中语言占7%，声音占38%），55%靠的是无声语音（其中面部表情占无声语音部分的70%）。由此可见，面部表情是一种十分重要的非语言交往手段。幼儿教师情绪和态度的变化往往通过面部表情体现出来，直接影响孩子们的情绪和态度，所以马卡连柯说：“没有面部表情，不能给自己的脸部以必要的表情或者不能控制自己情绪的人，不能成为一个优秀教师。”作为幼儿教师，我们要善于控制和应用自己的面部表情，让幼儿感受到来自教师的真诚、亲切、自然和专注。

（一）眼神

眼睛是心灵的窗户，学会用眼睛说话是幼儿教师必须具备的基本功之一。

1. 不同的视角给人不同的感受

正视、平视、环视能给幼儿一种平等亲切的感觉；俯视则会让幼儿产生居高临下的畏惧。任何时候都不能扫视、盯视、蔑视和斜视幼儿。

2. 不同的凝视区域显示与交往对象的远近

与人交谈，目光应注视对方，但注视的目光应局限于对方上至额头，下至衬衣第二粒纽扣之间，左右以两肩为准的方框区域。教师与幼儿交谈时，注视的常规部位可以是幼儿的眼睛、额头、眼部至唇部，或是他的整个上半身。

资料贴吧

注视的3种区域

公务注视：适合于与家长或领导公务交谈的场合，注视区域在对方的脸上，以双眼为底线，上至前额的“上三角”区域。

社交注视：适合于与同事、朋友等谈论轻松话题的社交场合，注视的区域在对方唇心至双眼之间的“下三角”区域。

亲密注视：适合于与亲人、恋人等亲密人员或小朋友交谈，注视的区域在对方双眼到胸部之间。

3. 注视时间长短体现关注程度

在交谈中听方应多注视说方，若对对方表示友好，则注视对方的时间应不少于双方交流时间的1/3。若对对方表示关注，如听领导报告、向同事请教问题等，则应不少于2/3。如果少于1/3，表示对对方瞧不起或没兴趣；如果超过2/3，甚至将目光始终盯在对方身上，则可能是对对方抱有敌意。

4. 合理分配目光传达丰富情感

幼儿教师在教学中应灵活地运用眼皮的开合、眼球的转动、瞳孔的变化等，让每个幼儿都感受到教师的关注。如对正在发言的幼儿报以信任的目光和亲切的微笑，给幼儿以信心；孩子答对了，应投以欣赏的目光，答错了，则应给予鼓励的目光，一时答不上来，应以耐心、期待的目光注视他；幼儿间有矛盾，教师不能用目光传递自己对一方的袒护，而应以开放的目光引导孩子用民主的办法解决；孩子有问题，教师不能用不以为然的目光传递自己的烦躁，而应报以宽容、高兴的目光鼓励孩子大胆质疑的习惯和积极思维的能力。

5．读懂孩子的眼神，俘获孩子的心

幼儿的眼神常常是其生理和心理活动的外显，如幼儿认为自己能回答教师提问时，眼睛是直视教师的，是自信的；觉得自己不会时，目光会躲躲闪闪，甚至低头不敢看教师；幼儿眼神无光呆滞，有可能是生病了；幼儿眼睛突然放光盯在某一处，说明他可能发现了“新大陆”……所以，幼儿教师不仅要学会运用自己的眼神，还要读懂幼儿的眼神，走进孩子的内心，发现孩子的真实想法，从而改进教学方法，提高教学效果。

（二）微笑

微笑是一种世界语、通用语，不分国别、种族和年龄，我们可能听不懂对方的语言，但都能理解对方微笑中蕴含的热情和友善。当你对别人微笑时，你就变成了一个带给别人好心情的天使，让所有见到你的人生活中立刻洒满阳光。可见，微笑既可以愉悦自己，又可以愉悦他人，是我们和孩子、和家长、和同事交往中不可缺少的礼节，如图2-23所示的微笑。

图 2-23　幼儿教师的微笑

资料贴吧

爱的微笑（美国总统教育奖获得者埃斯卡兰的教育决窍）

1. 面对学生的提问时送上一缕微笑是无声的赞许与鼓励。

2. 上台与下台时微笑，拉近与学生的距离。

3. 肯定与否定学生的一些言行时，配合着点头与摇头，脸上挂着微笑。

4. 表达有趣的物理现象时微笑。

5. 面对开小差或小声议论的学生，可略作停顿，同时脸挂微笑是一种含蓄的指责与批评。

6. 学生遇到困难时，用微笑激起他克服困难的斗志。

7. 即便学生犯了错误，也应以微笑给予理解和期待。

资料贴吧

微笑的训练方法

1. 对镜微笑训练法

这是一种常见、有效和最具趣味的训练方法。训练时，学生衣装整洁地端坐镜前，放松心情，调整呼吸，静心3秒钟，开始微笑：双唇轻闭，使嘴角微微翘起，舒展面部肌肉；注意眼神的配合，使整个面容协调。如此反复多次。为了获得更好的训练效果，可配合播放较欢快的背景音乐。

2. 模拟微笑训练法（如图2-24所示）

（1）轻合双唇。

（2）两手食指伸出（其余四指自然并拢），指尖对接，放在嘴前15cm～20cm处。

（3）让两食指尖缓慢、匀速地分别向左右移动，使之拉开5cm～10cm的距离。同时，随两食指移动的速度同步加大唇角的展开度，并在意念中形成美丽的微笑，让微笑停留数秒钟。

（4）两食指缓慢、匀速地向中间靠拢，直至两食指相接；同时，微笑的唇角随两指移动的速度缓缓收回。需要提示的是，训练缓缓地收住微笑，这很重要，切记不能让微笑突然停止。如此反复训练20～30次。

3. 情绪诱导法

情绪诱导就是利用外界的诱导、刺激来引发自身情绪的愉悦，从而唤起微笑的方法。例如，打开你喜欢的书页，翻看使你高兴的照片、画册，回想生活中幸福的片段，放首喜欢的乐曲等，这些都能引发快乐和微笑。

4. 记忆提取法

这是在训练演员时常采用的一种方法，也被称为“情绪记忆法”。就是从记忆中唤醒过去那些最令人愉快、令人喜悦的情景，使当时的情绪重新袭上心头，重享当时的快乐，重现当时的微笑。

5. 观摩欣赏法

观摩欣赏法是指几个人在一起互相观摩、议论、互相交流、互相鼓励、互相分享开心微笑的一种方法。也可以在平时留心观察他人的微笑，把精彩的“镜头”封存在记忆中，时时模仿。

6. 含箸法

道具是一根干净光滑的圆柱形筷子，横放在嘴中，用牙轻轻咬住，对镜子观察自己的微笑状态。

7. 意念法

已经有了微笑训练基础或善于微笑的人，不用对镜或利用其他道具，只用意念控制，驱动双唇，就能达到最佳微笑状态。

图 2-24 微笑训练法

1．幼儿教师的微笑要真诚

微笑最重要的是真诚和自然，只有发自内心的笑，才会给幼儿以亲切、和蔼、可信的感觉，幼儿才愿意亲近。试想，一个面带微笑，眼神却很凌厉的教师会让幼儿产生何种感觉？只会使幼儿感到恐惧、威严和冷淡，对教师敬而远之。所以，真诚的笑应该是口到、眼到、心到、意到、神到、情到，是五官协调的笑。

2．幼儿教师的微笑要得体

微笑的基本特征是笑不露齿，笑不出声，既不刻意掩盖笑意，也不无所顾忌地哈哈大笑。幼儿教师的微笑要神态自然、得体，才能向幼儿传递温馨和亲和，才能充分表达教师的友善、诚实、关爱等美好的情感。

3．幼儿教师的微笑要适宜

微笑固然重要，但不能不分时间、不分场合地笑，微笑要适宜。比如说，幼儿园业务会议等严肃的场合不宜笑；别人说错了话、做错了事不宜笑；别人遭受挫折失意、痛苦时不宜笑等。

二、幼儿教师的身势语言

身势语言亦被称作动作语言，指人们身体的各个部位做出表现某种具体含义的动作符号，包括手、肩、臂、腰、腹、背、腿、足等的动作。本处重点介绍手势语。

法国艺术家罗丹说过，手是会说话的工具。教师的手势语可以使语言更加生动、形象、富有表现力。如果说语言是红花，那么手势语就是绿叶。手势语是指教师根据教学内容需要，用手或胳膊的动作来传情达意的体态语言，是幼儿园教育教学中运用最普遍、最典型的体态语。

（一）幼儿教师手势语基本要领

手位适当，自然大方。手和臂放松自如，不呆板，不拘谨，手的姿势和举止位置协调，切合教学需要。手势动作要和有声语言或其他身势语言协调配合，相辅相成。切忌对幼儿 “指指点点”，切忌双手后背、交叉抱臂、用力敲桌等手势。

（二）幼儿教师手势语的含义

教师的每一个手势动作都应具有表达教学信息、情绪和管理意图的价值。

1．指示手语

指示手语指教学中用于组织、指导幼儿学习的手语，一般用于维持教学纪律，引起幼儿注意。指示手语在幼儿园教学中十分必要。学前儿童心理学表明，幼儿时期的记忆以表象记忆为主，许多教学内容如果只凭教师语言描述，很难在短时期内让幼儿记住。教师在传递信息时辅以手势语，可以帮助幼儿在回忆时借助生动形象的手势语来联想有声的语言，从而牢固地记住学习的信息。比如，教师在提问时总是辅以举手的手势，那么经过一段时间后，孩子们便对教师 “举手”——这一手势语非常了解，出现这个动作时就会很自然地作出 “举手发言”的反应。

2．情感手语

情感手语是指教学过程中根据教学情景和氛围的需要，用以表达情感的手势语言。情感手语能强化教师表达的思想情感，进一步辅助师幼交流，营造积极、愉快、和谐的课堂氛围。教育心理学表明，积极、主动、活泼的课堂气氛能使幼儿的大脑皮层处于兴奋状态，易于受到 “环境助长作用”的影响，从而更好地接受新知识，并在新知识的基础上联想、综合、分析、推理，进行创造性学习。例如，当幼儿答对问题后，教师竖起大拇指，他会感到教师对他的赞赏，因而回答问题的积极性会大大增加。

湖南省郴州市北湖区幼儿园的何丽芳教师在组织教学时，发现在针对集体表扬时用大拇指夸奖手势姿态单一，时间较短，效果不佳。她结合幼儿的小肌肉群锻炼和喜爱小鸭子的特性自创了一组集体表扬手势语，如图2-25 至图2-29 所示的手语：“哎呀呀！”“咕嘎嘎！”“棒棒棒！”“我真棒！”“耶！”。这套手语操作简便有趣，吸引了幼儿的注意力，调动了幼儿的积极性，在教育教学的实践中取得了良好的效果。

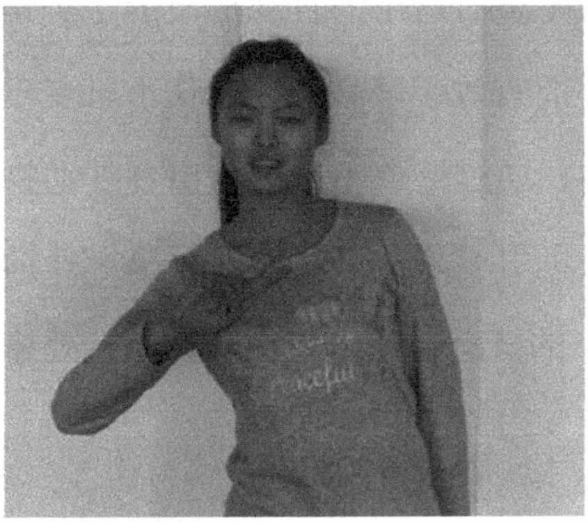

图 2-25 手语 “哎呀呀！”

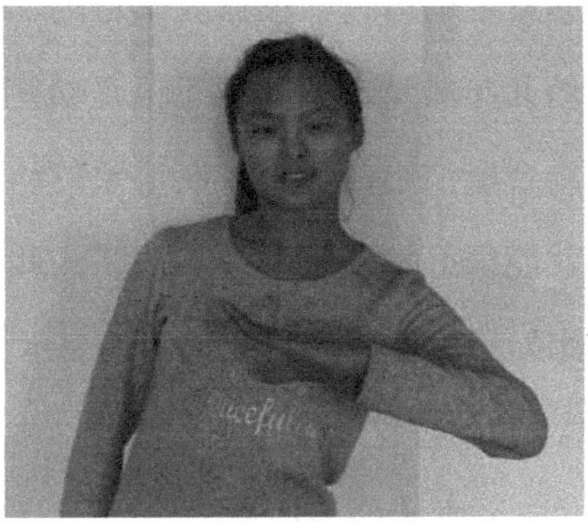

图 2-26 手语 “咕嘎嘎！”

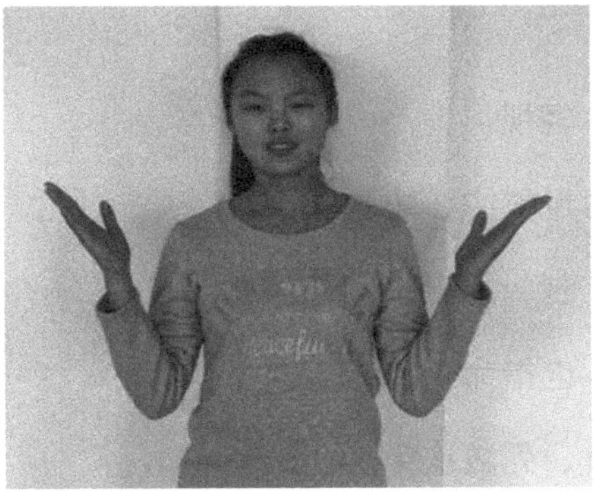

图 2-27 手语 “棒棒棒！”

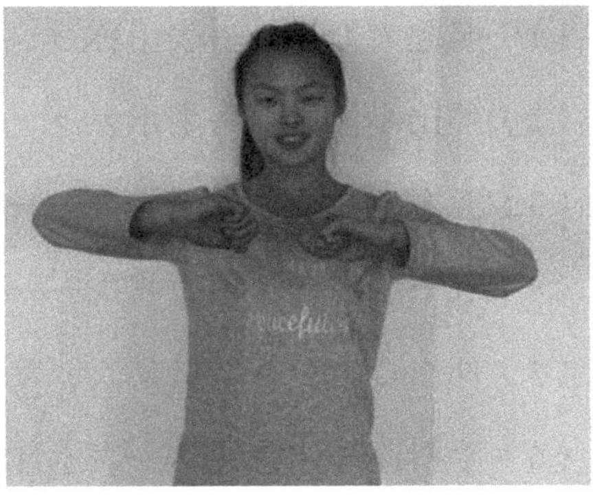

图 2-28 手语 “我真棒！”

图 2-29　手语“耶！”

3．形象手语

形象手语指教师根据教学目的、内容的需要而运用的直观形象的手势语言。符合幼儿年龄特点的形象手语是幼儿园教学的有效手段。例如，在小班音乐活动中，结合所演唱的、有鲜明形象的动物歌曲，通过形象手语模仿出各种动物的姿势，就能很好地激发幼儿的情绪。此外，还可用形象手语生动地解决一些抽象问题，比如用两手臂大幅度地画弧表示“大”的概念，用两手交叉在双臂处摩擦表示“冷”的感觉等。

（三）常用的手势语

1．手指势语

（1）竖起大拇指——表示称赞、钦佩。

（2）伸出小拇指——表示卑下、低劣、轻视。

（3）五个手指由外向里收拢——表示力量集中，事物相聚。

（4）五个手指向下用力收拢——表示控制、抓握。

（5）伸出食指——特指某人、某事物，也指命令、斥责。

（6）手指逐一屈或伸——表示计算数目、列数次第。

（7）大拇指与食指相捏——表示细小物体。

（8）右手四指相握，食指在空中画圆、直线、曲线或进行上下、左右、内外、快慢运动——表示事物的运动轨迹、过程或方向。

（9）两只手平握于胸前，两个食指在同一水平高度由外向内合拢——表示两个事物运动、贴合、碰撞。

2．手掌势语

（1）手掌向上前伸，臂微屈——表示恭敬、请求、赞美、欢迎。

（2）臂微屈，手掌向下压——表示反对、否定、制止。

（3）手掌挺直，用力劈下——强调果断的力量和气势。

（4）两手掌从胸前向外推出——表示拒绝或不赞成某种观点。

（5）两手掌由外向胸前回收——表示聚集、接受。

（6）两手掌由合而分，向上摊开——表示消极、失望、分散。

（7）两手掌由外向内，由分而合——表示团结、联合、亲密。

（8）单手掌向上前方冲击——表示勇往直前或猛烈进攻。

（9）两手掌向正上方推举——表示强大的力量和宏伟的气魄。

3．手臂势语

（1）摊开双手，向前上方展开双臂——它往往表示一种颂扬、称赞和讴歌光明与充满希望的积极情感。

（2）两只大臂自然下垂，小臂在胸前做左右、前后、上下运动，辅助有声语言进行指示——象征和强调说明，动作要求轻松自如、简洁明快、沉稳坚定、刚柔相济、动静结合。

（3）手臂交叉姿势，即双臂紧紧地交叉在胸前，如盾牌和防弹钢板形成一种防御屏障——增强自己的安全感。

（4）手臂紧紧交叉在胸前，而且双手紧握，伴随着咬紧牙关——暗示出一种更强烈的防御信号和敌对态度。

三、幼儿教师的空间语言

空间语言是一种空间范围圈，指的是社交场合中人与人身体之间所保持的距离间隔。它显示的是人际关系的亲疏，是人际关系密切程度的尺码。有学者曾对中国人讲话时彼此间距离做过调查，调查结果显示：亲密区，0～60cm；熟人区，60cm～90cm；社交区，90cm～2m；讲演区，2m～8m。

教师有必要树立个人空间意识，根据不同的情景，与幼儿保持适当的距离，让幼儿感受到教师的亲切与友好，同时给予幼儿自己去理解世界的机会。师幼之间保持一定的距离和方位，会让幼儿感到舒适和安全。但要注意的是，这些距离和方位只是一个参照，并非要教师死搬硬套。事实上，幼儿并非总能很好地控制自己，因此，在一些时候，教师可以适当侵犯幼儿的个人空间，对他们造成心理压力，督促他们集中注意力，但更多时候，教师还是要尊重幼儿的个人空间，让其拥有一个宽松的心理环境。

礼仪训练

一、训练情境

幼儿园举行讲故事比赛，你是一名参赛选手，请你用真诚的微笑、丰富的表情、流畅的语言、形象的身势语言，为幼儿讲述《三只蝴蝶》或其他幼儿故事。

二、训练要求

（1）掌握情态语言、身势语言、空间语言的作用。

（2）能根据具体的教学情境，结合幼儿的身心发展特点，恰当运用眼神、微笑等情态语言，提升教学效果。

（3）能根据具体的教学情境，结合幼儿的身心发展特点，恰当运用指示、情感、形象等身势语言，提升教学效果。

知识巩固

1. 幼儿教师常用的体态语有哪些?

2. 从视角、视域、视时长短、目光分配等角度说明教师眼神礼仪规范要求。

3. 教师微笑有哪3 个基本要求?

4. 熟知每个手指、手掌、手臂动作的含义。

学习评价

表 2-6　幼儿教师体态语礼仪学习评价表

检测内容	评价标准	自评	组评	师评	综合
1. 幼儿教师的情态语言礼仪	① 能用正确的视角、视域、视时，合理分配目光，向幼儿传达自己的爱和关注				
	② 对幼儿真诚、得体、适宜地微笑				
2. 幼儿教师的身势语言礼仪	掌握常用的手指、手掌、手臂等身势语言的含义，并能根据教学情境及幼儿身心特点合理运用				
3. 幼儿教师的空间语言礼仪	了解空间语言的标准，能根据具体情境合理确定交谈距离，给幼儿以安全、舒适的感觉				

注：优，85 分以上；良，75 ～ 85 分；中，65 ～ 75 分；较差，65 分以下。综合得分为自评、组评、师评 3 项得分的平均分。

模块三

3

Chapter

幼儿教师的语言礼仪

幼儿期语言发展的主要任务是听、说、读的能力。口语技能是幼儿教师必须具备的基本职业技能之一。

知识目标

❶ 了解幼儿教师教育口语的特点和基本原则。

❷ 掌握沟通语、劝慰语、激励语、评价语等教育口语的礼仪技巧。

技能目标

能够科学运用沟通语、劝慰语、启迪语、激励语、评价语等幼儿教师教育口语的礼仪技能。

任务01

进行幼儿教师沟通语培训

案例导入

案例1：班里的豆豆小朋友喜欢画画，经常拿起画笔就在墙壁上乱写乱画，弄得墙壁像个花脸。实习教师张薇先是讲道理“豆豆，这样会弄脏墙的”，后是大声呵斥“豆豆，你个淘气包，不许在墙上画”，“再画，就不让你上美术课了”……可是豆豆淘气地扮个鬼脸，依然我行我素。张薇一筹莫展。

案例2：指导教师知道了这一情况。她微笑着对豆豆说：“豆豆画得真棒，带回家给爸爸妈妈看好不好？”豆豆指着墙上的画说：“带不回去呀。”指导教师说：“那我们画在纸上好不好？”并指着墙上的黑点说：“豆豆把墙的脸弄脏了，它都哭了。”豆豆听后不好意思地低下了头，然后在纸上画了一幅画，带回家得到了爸妈的表扬。此后豆豆再也不在墙上画画了，而且每次都要在纸上认真画画，带回家给爸妈看。

思考与讨论

两位教师的教育效果为什么会有如此大的差异？教师的语言起到了什么作用？

礼仪知识

一、幼儿教师口语特点

1. 语浅理明

幼儿教师的语言要符合幼儿的感知接受能力，道理要浅显易懂，尽量用直白、形象的语言，讲话力戒 “假、大、空”。

2. 用语规范

幼儿教师要讲普通话，要讲文明语言，语言应简约，多用简单句，且符合语法规范。

3. 感情充沛

幼儿对教师的情感需求特别强烈，因此幼儿教师与幼儿的交往不单纯是授、受关系，而是情感的互动，要把教师对幼儿的爱大声说出来。亲其师，才能信其道，没有情感就没有真正的交流，就不可能完成教育任务。

二、幼儿教师口语的基本原则

1. 平等性原则

《幼儿园教育指导纲要》要求：“创造一个自由、宽松的语言交往环境，支持、鼓励、吸引幼儿与教师、同伴或其他人进行交谈。”这就要求幼儿教师多用协商的语气、讨论的方式鼓励幼儿积极参与，保护孩子的自尊心和自信心，达成语言教育的目的。

2. 保护性原则

苏霍姆林斯基说：“要像对待荷叶上的露珠一样对待孩子的心灵。”这就要求幼儿教师充分掌握幼儿心理成长的规律，掌握幼儿认知发展的规律，熟悉每一个孩子的特点。对内向的孩子大胆鼓励，对不良倾向进行有效制止。

3．针对性原则

幼儿教师要针对不同的学习环境、不同年龄阶段的幼儿、不同的学习材料使用不同的语言，切实做到因材施教。

资料贴吧

教育智慧

子路问："闻斯行诸？"子曰："有父兄在，如之何其闻斯行之？"

冉有问："闻斯行诸？"子曰："闻斯行之。"

公西华曰："由也问：'闻斯行诸？'子曰：'有父兄在。'求也问：'闻斯行诸？'子曰：'闻斯行之。'赤也惑，敢问。"子曰："求也退，故进之；由也兼人，故退之。"

三、沟通语礼仪技巧

谈话重在交流与沟通。幼儿教师只有遵守沟通语礼仪，才能拉近自己和幼儿之间的情感距离，化解与幼儿之间的心理障碍，取得幼儿的心理认同，实现教育谈话的效果。

1．认真倾听促进沟通

学会倾听，才能读懂幼儿。教师可以从倾听中获得大量的信息，找到问题产生的根源，思考解决问题的办法。同时，倾听也是对幼儿的尊重，是友好的表示。

2．合理引导促进沟通

沟通不可能是一帆风顺的。教师以聊天的口吻亲切地询问幼儿，是获取信息、确定沟通方向的基础。沟通过程中教师对幼儿表现出一定程度的理解和认同，更容易实现与幼儿的心理相容，激发孩子表述的欲望。

3．恰用体态语促进沟通

教师正确的体态语可以给孩子以关心、呵护和鼓励，让孩子感受到来自教师的信任和温暖。

礼仪训练

一、训练情境

小蓓是一个性格内向的孩子，在幼儿园里从不主动和别人说话，没有朋友，常常自己躲在角落里看其他小朋友玩，显得形单影只。教师通过家访了解到小蓓的爸爸外出打工了，小蓓看见别的小朋友每天有爸爸接送，很羡慕，又感到一些自卑。

二、训练要求

根据这一情境，设计一段沟通语，鼓励小蓓融入小朋友中，开心快乐地生活。

（1）小组内分角色扮演。评价并体会幼儿教师的语言特点和基本原则。

（2）能够正确理解、运用沟通语礼仪技巧，与幼儿进行有效沟通。

知识巩固

1. 幼儿教育口语有什么特点？应遵循什么原则？

2. 什么是沟通语？沟通语的技巧有哪些？

学习评价

表 3-1 幼儿教师沟通语礼仪学习评价表

检测内容	评价标准	自评	组评	师评	综合
沟通语礼仪	① 能够认真倾听孩子说话				
	② 对幼儿要有理解和认同，实现师幼心理相容，从而进行合理引导				
	③ 能够恰当运用体态语来表情达意				

任务 02

进行幼儿教师劝慰语培训

劝慰语是教师对幼儿施加的劝说、安慰性教育语言。幼儿心智不成熟，自控能力差，适应力弱，对外界刺激相当敏感，遭受挫折和委屈时往往会产生无助、失望的情绪，甚至会哭闹，教师应及时给予劝慰。

案例导入

活动课上李教师为幼儿分发玩具，碰巧有一个玩具有点损坏，又没有多的可换。分到这个玩具的孩子芸芸很不开心，想跟其他小朋友换，可其他小朋友都不愿意，芸芸更不高兴了，独自躲到一边掉眼泪。芸芸本身性格偏内向，不善于表达，李教师意识到了，马上过来劝慰她。

教师：芸芸，为啥不高兴了？

芸芸：（举起手中玩具）教师，为什么只有我的玩具是坏的？

教师：（蹲下身，看玩具）噢，真坏了呀。这奥特曼少了一条胳膊。

芸芸：（重复教师的话，委屈得又要哭了）真少胳膊了。

教师：芸芸喜欢奥特曼吗？

芸芸：喜欢，奥特曼是大英雄，专打怪兽，保护地球。

教师：（点头认同）是啊，教师和芸芸一样喜欢。奥特曼打怪兽勇敢吗？

芸芸：（有点兴奋）可勇敢了！有一次奥特曼和怪兽作战，手脚还受过伤呢！可他不怕痛，还继续和怪兽作战保护人类。

教师：是啊，奥特曼受了伤还那么勇敢，那么坚强，打败了所有的怪兽。现在你拿的就是一个受了伤的奥特曼，你喜欢吗？

芸芸：（小心地抚摸奥特曼受伤的胳膊，笑逐颜开）嗯，喜欢。

思考与讨论

1. 面对孩子的不开心，我们该怎样劝慰孩子？

2. 从李教师的劝慰中你得到了什么样的启发？

礼仪知识

一、劝慰语礼仪技巧

1．针对不同性格劝慰

孩子性格不同，劝慰的方式也应不同。对于胆汁、多血质的孩子，教师要设法转移孩子的注意，帮助其从不安、不快的事物中脱离出来，劝慰语宜直接、明确；对于黏液质的幼儿，教师要先设法站在他的角度上表示理解和同情，再进一步劝慰；对于抑郁质的幼儿，教师要有足够的耐心，用明快的语言表达关爱，用乐观的情绪带动幼儿，使其走出情绪低谷。

资料贴吧

气质类型与特点

胆汁质：精力充沛，喜欢运动，探索欲望强，但固执、容易冲动并与别人发生冲突。

多血质：聪明伶俐，适应力、接受力强，喜欢表现自己，但容易粗心大意，做事缺乏持久性。

黏液质：有较强的自制力，做事持久性强，但性格偏内向，与他人交往时缺乏主动。

抑郁质：性格内向，缺乏安全感，不喜欢被人关注，情感较封闭，胆子小。但对人对事认真，忍耐力强，做事能持久。

2．劝慰的态度要正确

教师要用正确的态度对待幼儿，用正确的态度对待发生的事，要分清对错是非，不能把劝慰当做唯一目的，要做到劝慰当中有引导，安抚过程有教育。

礼仪训练

一、训练情境

幼儿教师为幼儿发奖品——悠悠球。由于粉红色的悠悠球不够，丽丽发到了一个蓝色的。她不喜欢蓝色，想跟同桌皓皓换，皓皓不同意，丽丽就抢了，皓皓生气了，推了丽丽一下，丽丽就哭了，皓皓也委屈得跟着哭了。

二、训练要求

根据这一情境，设计一段劝慰语，对丽丽和皓皓进行劝解，使两个小朋友和好，并成为好朋友。

（1）设计一份劝慰语在小组内交流。小组讨论修订后展示。

（2）分角色表演，掌握劝慰语的礼仪技巧。

知识巩固

怎样根据幼儿不同的气质类型进行劝慰？劝慰幼儿时，幼儿哭闹是否说明她（他）是对的？

学习评价

表 3-2　幼儿教师劝慰语礼仪学习评价表

检测内容	评价标准	自评	组评	师评	综合
劝慰语礼仪	① 能够根据幼儿不同性格采取科学的劝慰语				
	② 劝慰态度要正确，做到劝慰中有引导，安抚中有教育				

任务03 进行幼儿教师启迪语培训

启迪语是幼儿教师施加的启发、开导幼儿的教育口语，旨在通过教师循循善诱唤起幼儿内在的情感，引导幼儿思考发生的事情，帮助他们弄清事物的道理，开启他们心智，最终实现幼儿的自我教育。

幼儿期是幼儿道德观、价值观形成的初始阶段，高级社会性情感开始萌芽并发展，是 “百年树人”的启蒙期，幼儿教师掌握、运用好启迪语，以浅喻深，以微见著，方可收到事半功倍的成效。

案例导入

小亮顽皮，喜欢给小朋友起绰号，嘲笑别人，今天又把小茜弄哭了。教师找小亮进行个别谈话。

教师：（认真地看着小亮）小亮，刚才小茜说你欺负她了，有这回事吗？

小亮：（眼光躲闪）没有，没欺负她。

教师：哦，那你说说刚才对小茜说些什么了？

小亮：（支支吾吾）没什么，就叫她……小胖子。教师，我是开玩笑的。（低头，搓衣角）

教师：小亮，你说一个小朋友被别人起绰号，她会有什么感觉？

小亮：（低下头）肯定会伤心。

教师：是啊。以前教师讲过，小朋友要团结，要友爱，不给别人起绰号。还记得吗？

小亮：（点点头）记得。

教师：（拍拍小亮的肩）记得就好，改了就是好孩子。小亮以后不再给别人起绰号了，好不好？

小亮：（抬起头）好，我以后再也不给小朋友起绰号了。

思考与讨论

教师在谈话中运用了哪几种提问方式？有什么作用？

礼仪知识

一、善于提问

能针对不同的问题情境、不同的性格特征、不同的年龄特征采用不同的提问方式。

资料贴吧

提问的方式

1. 正面提问：直接接触问题，单刀直入，能够对被问者施加直接的心理刺激，可以肯定可以否定，但不能回避问题。

2. 侧面提问：语气比较缓和，有利于引导对方回答自己关注的问题。

3. 反向提问：语气比较强，通常运用于事实非常清楚，道理也已明确之时。反问使得对方很难做出否定性的回答。

幼儿教师要善于提问，能根据不同的情况，采取不同的提问策略。

二、善于设喻

幼儿认知发展的年龄特征以具体形象思维为主，在这一阶段，可感的东西往往更易可知。所以教师要通过设喻，使模糊的道理变得清晰，使抽象的概念变得具体。

案例链接

晓迪是班里个子最矮的小朋友，经常受到其他小朋友的嘲笑，因此他闷闷不乐，渐渐变得比较内向。教师发现了这一情况，跟晓迪做了一次谈话。

教师："晓迪，最近怎么不高兴了？"

晓迪："（低头）小朋友们说我是《白雪公主》里面的小矮人。"

教师："（笑了笑）晓迪，还记得教师讲过《山羊和长颈鹿》的故事吗？它们俩谁比谁强大啊？"

晓迪："一样强大。山羊个矮能从洞中钻进园子里吃到青草，长颈鹿个高能摘下大树上的果子。"

教师："是啊，个矮也有优势的。其实有很多伟人个子也不高，航天员加加林身高1.57m；普京身高也只有1.70m。但他们都勤奋读书，学习本领，所以才建立了伟大的功业。晓迪好好学习，将来一定和他们一样有出息！不过，晓迪也要好好吃饭，争取快点长高啊。"

晓迪听后，抬起头自信地笑了。

三、善于举例

儿童的认知及思维水平较低，难以分清事物的主次、表里、本质与非本质等内容，幼儿教师在启迪学生时，如果能举一个幼儿熟悉的例子来说明道理，就能把抽象的道理变得具体可感，易于儿童接受。好榜样能给幼儿传递正能量。

四、善用暗示

暗示是一种非常有效的启迪方法。保加利亚心理学家洛扎洛夫经过实验认为，对幼儿最有效的教育方法是含蓄、间接的暗示法。暗示法舍弃了直白的语言，不明确表示意思，而是采用含蓄的语言或行为使人领会意图，没有指令性和强迫性，更容易为别人所认同。对于孩子来说，暗示教育能激发他们无意识的心理活动，在轻松愉快的气氛中接受了教育，这比用强制性的、命令性的教育效果更好。

案例链接

瑶瑶小朋友最近好像有“幼儿园恐惧症”，一到幼儿园门口就哭，弄得爸爸妈妈既伤心，又不放心。王教师家访了解到，当瑶瑶不听话时，妈妈就会说“你不听话？再不听话送你到幼儿园去”“你不乖，送你到幼儿园去，让教师来教训你”等，从此瑶瑶一听到去幼儿园就害怕了。为此王教师和家长分析了瑶瑶不想上学的原因，请家长采取积极的心理暗示帮助孩子尽快摆脱怕上幼儿园的恐惧阴影，让孩子喜欢幼儿园和教师，建议当孩子不听话时家长说“你不乖，我不送你去幼儿园了，不让你去见教师了”“你听话，听话我就送你到幼儿园去，让教师抱抱你”“瑶瑶是个乖宝宝，教师和小朋友都喜欢你”等。慢慢地孩子觉得：幼儿园是个好地方，很好玩，教师一定很温柔。教师也积极配合，当孩子入园时，微笑着去抱抱她、亲亲她，说些鼓励性的话语：“瑶瑶，今天真棒，让教师抱抱。这儿有好多玩具呢，快点去玩吧！”于是瑶瑶越来越喜欢上幼儿园了。

资料贴吧

暗示的方式

1. 直接暗示。暗示者有意识地、直接地把某种信息传递给受暗示者，希望对方能够马上做出暗示者期待的反应或采取相应的行动。

2. 间接暗示。暗示者以某种事物为中介，把信息间接地提供给受暗示者，希望对方接收并正确解读和执行。

3. 自我暗示。暗示者自我发送和接收解读信息，影响自己的情感、意志、自我认知并进而影响暗示者自身的行为，或影响暗示者自己对环境、事物、事件的认知和判断行为。

4. 反暗示：暗示者发出的暗示信息引起受暗示者产生了与预期相反的反应。

礼仪训练

一、训练情境

张教师班上有个孩子叫奕奕，女孩，五岁。她乖巧文静，性格内向，平时在幼儿园不善言辞，很少主动参加游戏活动。每天来园时，在父母的多次提醒下才会轻轻说出 “教师好”三个字。上课从来不主动发言。张教师和家长进行了多次交流了解到奕奕在家非常活泼，能说会道。

二、训练要求

根据这一情境，设计一段启迪语，启发引导奕奕主动参与幼儿交往，培养其活泼开朗的性格。

（1）设计一份启迪语在小组内交流。小组讨论修订后展示。

（2）分角色表演，掌握启迪语的礼仪技巧。

知识巩固

什么是启迪语？运用启迪语时要注意些什么？

学习评价

表 3-3　幼儿教师启迪语礼仪学习评价表

检测内容	评价标准	自评	组评	师评	综合
启迪语礼仪	① 能根据不同情况，合理运用正面提问、侧面提问、反向提问等提问技巧				
	② 善于运用比喻，变抽象为形象，变深奥为浅显				
	③ 能够运用幼儿熟悉的事例对幼儿进行教育				
	④ 能够熟练运用直接暗示、间接暗示、自我暗示、反暗示等方法，激发孩子无意识的心理活动				

任务 04

进行幼儿教师激励语和评价语培训

案例导入

案例1：小雯脸上长有一块明显的胎记，有时小朋友嫌她难看，所以造成了她性格内向、自卑。一次舞蹈基础训练中，其他的孩子都认真练习，只有小雯一个人缩在旁边悄悄地看。沈教师发现了这一情况，走到她面前，摸摸她的头说：“小雯，你觉得小朋友做得好吗？你想做吗？”她却说：“我长得难看，跳得也不好，做起来小朋友会说我难看的。”沈教师立即抓住她的小手：“小雯肯定能跳好，小朋友会喜欢你的。”并在小雯跳的过程中不失时机地激励她：“小雯做得真漂亮！”其他小朋友听到了也纷纷称赞小雯。听到小朋友的赞扬声，小雯脸上露出了甜甜的微笑。经过这次练习后，小雯和大家成了好朋友，人变活泼了，胆子也变大了，不管在哪里都能表演自如。她总是说：“其实我也很棒，我和小朋友一样跳得美！”

思考与讨论

1. 沈教师是怎样激励小雯走出自卑，树立自信的？

2. 和这一类孩子谈话时我们应该注意什么？

案例2：美术课上，孩子们都在投入地画画，可小雨好像在做“白日梦”，盯着手里的蜡笔发呆。沈教师称赞和小雨坐在一组的同学说：“小男，你画得真棒！”小雨仍然无动于衷。沈教师又继续夸奖其他同学：“小钰，你的颜色涂得特别好，继续加油，马上就要完成了。”这时，小雨开始动笔了，过了一会儿，沈教师也表扬他说：“小雨，你勾线勾得不错，继续加油哦！”在后来所剩的时间内，沈教师又用两三次的机会去赞美他，结果，他按时完成了那幅画。

案例3：小帆手里拿着积木，走到教师跟前说：“我拆不开。”教师皱皱眉头，没有理他。他又说了一遍，教师对他说：“小帆，你是在和教师说话吗？”他好像意识到了什么，马上说：“教师，我拆不开。”但教师还是没有帮助他，而是说：“请别人帮忙应该怎么说呢？”他这才明白，说：“教师，请您帮我拆一下，好吗？”教师这才微笑地帮他拆开了积木。

思考与讨论

1. 案例2和案例3中教师分别用了什么方法使孩子完成自己的任务？

2. 运用这些方法时应注意哪些问题？

礼仪知识

一、激励语

激励语是鼓励幼儿积极上进，激发其奋斗意志的教育口语。激励语能够促进幼儿树立良好心态，调动其积极性，以饱满的热情投入到活动和学习中去。

1. 正向激励

正向激励就是运用教育口语，调动幼儿情绪，使他们的内心激动起来，响应教师提出的要求。运用正向激励时，教师的情绪要高涨，声调要高亢，语言节奏要偏快，语言要有鼓动性，体态语要简洁有力。

2. 逆向激励

逆向激励也叫激将法。运用这种方法要注意条件，在幼儿应该做却不愿意做，或完成某项任务有一定难度，幼儿自信心不足时可采用，以激励他们实现自我突破。另外，要注意孩子的性格，此法对胆汁质和多血质气质的孩子较适用。

3．勉励

勉励语重在“勉”，运用时语气要平和，语重心长，寓意深刻，使幼儿产生较持久的动力。

二、评价语

评价语主要有表扬语和批评语这两种。

表扬语是教师对幼儿施加的肯定性评价语，主要是赞美幼儿正确的行为和思想，并通过表扬巩固幼儿的优点，强化教育的效果。

批评语是教师对幼儿的错误思想和不当行为作出的否定性评价语，旨在使幼儿认识错误，改正行为。

1．表扬语

表扬语要多样化，有针对性。要针对具体的人和事，尽量避免重复用语。如有孩子帮你整理小朋友看过的图书，你不能简单地说“你真棒！”，而应说“蓓蓓帮教师整理图书，又整齐又好看，真棒！”。

表扬语要适度，不可夸大。过度表扬可能导致幼儿不能正确认识自己，产生骄傲情绪；经常表扬可能会导致幼儿形成悦人型人格倾向，过分注重成人对自己的评价，缺乏独立判断是非的能力，受挫力差，不自信；过度表扬某个孩子，也可能会让其他孩子受到暗示，自感不如他人，产生否定性自我评价。

2．批评语

直言批评。教师从正面入手，直奔主题，开门见山地指出其错误所在，提出正确要求。运用直言批评，要求教师语言简练，表情严肃，手势有力。但应注意说话的力度，不可过于生硬。用词要斟酌，不夸大，不缩小，实事求是。

类比批评。教师不直接指出幼儿的错误，而是用举例子、讲故事、打比方等方法让幼儿认识到自己的错误并改正。

肯定式批评。教师在批评幼儿时不仅看到幼儿的错误，还伴随着对幼儿某些方面的肯定，让幼儿既认识到自己的错误和差距，又看到自己的优点和希望，减少抵抗心理。

礼仪训练

一、训练情境

（1）教师组织幼儿练习平衡木。英子胆小，轮到她时就说要上厕所。最后不得已要上平衡木时，她都掉眼泪了。

• 作为教师，请你想一想，该怎样激励英子？

（2）格格喜欢画画，每次画完拿给教师看，教师都说“画得太棒了”或“格格的画是最好的”等。后来学校组织画展，格格的画只得了二等奖，格格气得大哭起来。

• 想一想，格格为什么会有这样的表现？教师的表扬是不是什么不合适的地方？如果是你，会怎么表扬格格？

（3）皮皮是班里最淘气的孩子，中午午休时间老是不安分，不是拽这个小朋友的辫子，就是拉那个小朋友的被子，弄得小朋友不高兴。家长对此有怨言，教师批评他多次也没有效果。

• 请你帮教师想个办法，通过科学的批评，让皮皮认识错误并改正。

二、训练要求

（1）根据三个不同情境，分别设计合理的激励语、表扬语、批评语，小组讨论后展示交流。

（2）分角色表演，掌握激励语、表扬语、批评语的礼仪技巧。

知识巩固

1. 什么是激励语？运用激励语时要注意什么？
2. 什么是表扬语？运用表扬语时要注意什么？
3. 什么是批评语？批评语有哪几种类型？

学习评价

表 3-4　幼儿教师激励语、评价语礼仪学习评价表

检测内容	评价标准	自评	组评	师评	综合
激励语礼仪	能正确运用正向激励、逆向激励、勉励等激励语技巧				
评价语礼仪	① 能运用表扬语激励幼儿，做到多样化，有针对性				
	② 表扬语要适度				
	③ 能恰当运用直言批评、类比批评、肯定式批评等方式，既教育孩子，又激励孩子				

模块四 4 Chapter 幼儿教师在幼儿园一日活动中的礼仪

幼儿良好的礼仪不是一朝一夕、一节课、一个活动就能养成的。礼仪的培养必须贯穿于幼儿园一日生活中的保教活动来实施。这就要求教师把礼仪教育灵活地渗透到幼儿园一日活动的各个环节中，用自身的礼仪形象，言传身教，培育出知礼、行礼的幼儿。

幼儿园一日活动主要包括入园、进餐、盥洗、教学活动、户外活动、睡眠和离园七个环节。一日活动的各个环节为礼仪教育提供了很多契机，教师要把礼仪内容细化到各个环节中，充分发挥一日活动的整体教育功能。

知识目标

❶ 熟知一日活动的七个环节中幼儿教师的工作任务。

❷ 掌握七大环节中教师礼仪知识、幼儿礼仪知识。

技能目标

❶ 针对具体的工作情境，运用并改善仪容、仪表、仪态、体态语、语言等文明礼仪，生成幼儿教师的职业礼仪规范，保证一日活动中七个环节的工作任务顺利达成。

❷ 掌握正确的礼仪教育方法，科学、灵活地对幼儿进行礼仪教育。

任务01 掌握入园礼仪

入园是幼儿园一日集体活动的开始，是保证幼儿愉快入园、家长能安心工作的首要环节。

案例导入

李茜今天有点心不在焉。清晨迎接孩子们入园时，面对家长的询问，李茜没了往日的笑容，只是机械地点头。有位家长特意嘱咐李茜，孩子病了，背包里有药，李茜竟然忘了记下孩子的姓名，也没问该如何给孩子服药。孩子们入园后脱下的衣服都堆放在一起，结果有好几个孩子离园时穿错了衣服。家长很不满意。

思考与讨论

1. 在入园环节，幼儿教师要做好哪些常规工作？

2. 幼儿教师应如何培养幼儿入园时的文明礼仪？

礼仪知识

一、教师的工作任务

在入园环节中，教师的工作任务包括：搞好室内外清洁卫生；热情接待幼儿和家长；对幼儿进行晨检；与家长交流、沟通幼儿情况，做好交接工作；妥善保管幼儿衣物；有计划地安排幼儿（中、大班）轮流做好值日生工作；安排幼儿参加安静的游戏和自选活动；培养幼儿保持仪容整洁入园的习惯，能有礼貌地向教师问好和向家长道别，遵守常规等。

二、幼儿入园礼仪

幼儿在入园环境中，应习得的入园礼仪可以总结为下述口诀：“早入园，不迟到；见教师，要问好；小朋友，也问到；别父母，勿忘掉。”

应该采取哪种站姿？

如图 4-1 所示，通常应该采取“前搭手”站姿。

图 4-1　“前搭手” 站姿

如何施早安礼？

微笑三部曲：嘴巴翘起来，笑肌提起来，眉毛扬起来。

表情：微笑

内心：热情，真诚

动作：欠身致意、鞠躬或拥抱，如图 4-2 所示。

语言：您好！早上好！

图 4-2　幼儿教师向入园的幼儿施早安礼

三、幼儿教师入园环节礼仪

1．面带微笑，热情接待

教师要以热情、亲切的态度接待幼儿、家长，主动问好，把快乐和关爱送给每位孩子，使幼儿能愉快入园；教育幼儿使用礼貌用语，指导幼儿将衣物放整齐；观察幼儿的精神面貌，与幼儿亲切交谈，做好个别幼儿的安抚工作，如图4-3 所示。

图 4-3　幼儿教师接待入园的幼儿

2．认真晨检，耐心交接

幼儿教师对幼儿进行晨检，应该做到 “一摸、二看、三问、四查”；与家长做好交接工作，特别是对生病的幼儿要给予特殊照顾，并记录病因、病症、吃药等情况。

3．尊重家长，一视同仁

家庭有贫富，家长无贵贱。教师要平等地对待每一位幼儿的家长，不能对地位显赫、家庭富裕的家长趋炎附势、眉开眼笑；而对家境一般、无权无势的家长不理不睬、敷衍了事。特别是对年龄较大或身有残疾的幼儿家长，教师更应关照有加。

一摸。摸幼儿的额头、颌下和腮部。将手心贴紧幼儿前额，感受幼儿前额温度是否明显高于自己的手温，判断是否发烧；摸颌下，用手指轻触下颌骨的下缘向下至颈部两侧，检查是否有肿大；摸腮部时要注意幼儿的腮部是否有肿大的现象。

二看。看幼儿的精神状态、面色、咽部有无异常，皮肤有无皮疹及某些传染病的早期表现。发现可疑症状，及时送医务室诊断。

三问。向家长了解幼儿在家中的饮食、睡眠、大小便等方面的情况。

四查。要查看幼儿的衣兜内有无不安全的物品，避免发生意外事故。

礼仪训练

一、训练情境

（1）幼儿佳佳活泼、淘气，由奶奶送来入园。

（2）幼儿豆豆性格内向，来园时情绪不佳。

（3）幼儿凡凡感冒了，带药入园。

二、训练要求

针对不同的情境，分3个小组练习入园礼仪。

（1）按入园真实情境分配角色（教师、保育员、家长、幼儿），模拟练习入园礼仪，每个角色配置2 名观察员，进行观摩评价。

（2）通过角色扮演法练习入园礼仪，养成规范的职业礼仪。

知识巩固

1. 入园环节教师应完成哪些工作任务？

2. 入园环节教师应注意哪些礼节？

3. 到幼儿园见习，注意观察学习在入园环节教师良好的礼仪表现，养成规范的职业礼仪。

学习评价

表 4-1 幼儿教师入园礼仪评价表

检测内容	评价标准	自评	组评	师评	综合
1. 入园环节幼儿教师的形象礼仪、语言礼仪等	① 明确入园环节教师的任务				
	② 明确入园环节教师的具体礼仪规范				
	③ 形象礼仪符合幼儿教师职业礼仪规范				
	④ 语言礼仪符合幼儿教师职业礼仪规范				
2. 入园环节幼儿礼仪行为的培养情况	① 明确入园环节幼儿的具体礼仪规范				
	② 能根据不同的模拟情境采取科学有效的礼仪培养方法				
	③ 教师礼仪行为示范正确				

任务02 掌握离园礼仪

离园是幼儿园一日集体活动的结束，是对幼儿进行礼貌教育和开展家长工作的好时机。要亲手把幼儿交给家长，力求家长满意、幼儿愉快离园。

案例导入

离放学还有20分钟，李茜教师“下面请小朋友去解小便、喝水，并把水杯放在水池里的托盘上，最后去拿好衣服回到座位上”话音刚落，二十几个幼儿就匆匆挤在一起上厕所、喝水、拿外套，有一部分幼儿还三三两两围在区域角里玩，在教师的再三催促下才肯回座位。之后李茜教师要求幼儿坐好等家长来接，并给孩子们播放着录音故事。但是没过多久，幼儿就开始相互说话、玩闹。李茜在一边不停地提醒“小嘴巴请闭拢”“请安静等爸爸妈妈来接”……可没有幼儿理会。

放学了，当家长来到教室时，整个活动室就像炸开了锅。所有幼儿都站起来，有人来接的幼儿跟教师说再见；没有人来接的幼儿或者聚集在门口焦急地等待家长的来到，或者疯狂地玩、叫、追逐、打闹。教师在一旁喊着“×× 小朋友请你回到自己的位置上安静地等爸爸妈妈”“×× 小朋友不要跑，小心撞着”……

孩子们终于都被接走了，教师叹了口气：“唉，怎么每次来接的时候都这么乱！”

思考与讨论

1. 在离园环节，幼儿教师要做好哪些常规工作？

2. 在整个离园环节中，为什么孩子们的行为无序？幼儿教师应该怎样培养幼儿文明的离园礼仪呢？

礼仪知识

一、教师的工作任务

组织幼儿整理活动室环境和个人用品；接待家长并与家长交接幼儿；打扫室内外卫生并消毒；认真检查本班的门、窗、水、电是否关闭。培养幼儿清洁环境、物归原处的习惯；教幼儿学会收拾个人用品和检查自己的仪容是否整洁；使幼儿能主动向家长问好，与教师同学礼貌道别。

二、幼儿离园礼仪

离园时，互道别；先教师，后同学；见爸妈，问声好；抱一抱，更乖巧。

三、幼儿教师离园环节礼仪

1．鼓励欣赏，真诚沟通

与幼儿进行总结性谈话，表扬和鼓励幼儿在一日各项活动中的突出表现，使幼儿愉快离园；与家长进行简单交谈，介绍幼儿在园情况，以取得家长的配合，共同教育好幼儿。

2．亲切关爱，认真负责

帮助幼儿穿衣整理仪表，提醒幼儿带好回家物品；对没有按时接走的幼儿，要做好必要的组织工作，保持幼儿愉快的情绪，如自己需要离开，一定亲手交给值班的教师。

3．主动热情，耐心接待

热情接待每位家长，即使家长因故来晚了，也不能态度冷漠，横加指责，要耐心听家长解释并宽容地加以理解。

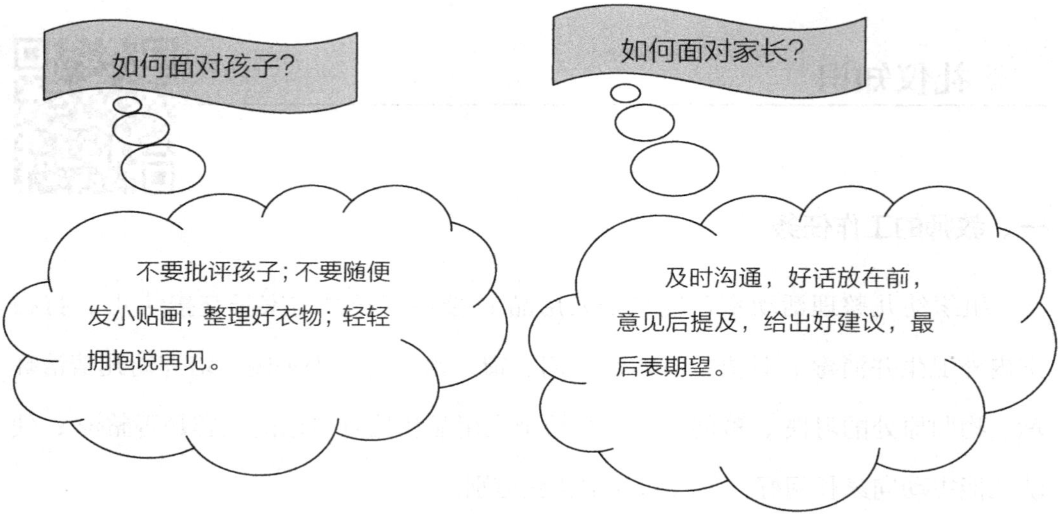
如何面对孩子?
不要批评孩子；不要随便发小贴画；整理好衣物；轻轻拥抱说再见。
如何面对家长?
及时沟通，好话放在前，意见后提及，给出好建议，最后表期望。

礼仪训练

一、训练情境

（1）幼儿凡凡感冒了，带药入园；妈妈按时来接孩子。

（2）幼儿豆豆性格内向，来园时情绪不佳；父母因为加班不能按时来接孩子。

二、训练要求

针对不同的训练情境，分小组练习离园礼仪。

（1）按真实离园情境分配角色（教师、家长、幼儿），模拟练习离园礼仪，每个角色配置2 名观察员，进行观摩评价。

（2）通过角色扮演法练习离园礼仪，养成规范的职业礼仪。

知识巩固

1．离园环节教师应完成哪些工作任务？

2．离园环节教师应注意哪些礼节？

3．到幼儿园见习，注意观察学习在离园环节教师良好的礼仪表现，养成规范的职业礼仪。

学习评价

表 4-2　幼儿教师离园礼仪评价表

检测内容	评价标准	自评	组评	师评	综合
1．离园环节幼儿教师形象礼仪、语言礼仪等	① 明确离园环节教师的任务				
	② 明确离园环节教师的具体礼仪规范				
	③ 形象礼仪符合幼儿教师职业礼仪规范				
	④ 语言礼仪符合幼儿教师职业礼仪规范				
2．离园环节幼儿礼仪行为的培养情况	① 明确离园环节幼儿的具体礼仪规范				
	② 能根据不同的模拟情境采取科学有效的礼仪培养方法				
	③ 教师礼仪行为示范正确				

任务03 掌握进餐礼仪

进餐是幼儿一日生活中的重要环节，养成良好的进餐习惯，直接关系到幼儿的生长发育和身体健康，是家长最关心的一件事。

案例导入

小一班的丁丁刚来幼儿园，有好多事情不适应。饭前从不洗手，吃饭时不仅需要教师反复催促、三请四请，有时还撒娇让教师端着饭碗喂他吃饭。他喜欢吃的，用手抓起来就吃，他不喜欢吃的菜，吃一口就吐出来，吐得满地都是，还经常把饭菜剩在盘子里。教师为丁丁吃饭的事伤透了脑筋。

思考与讨论

1. 在就餐环节，教师的常规任务有哪些？

2. 丁丁小朋友的行为有哪些不符合就餐礼仪要求？教师应该怎样培养孩子文明的就餐礼仪？

礼仪知识

一、教师的工作任务

在幼儿进餐环节，幼儿教师的工作任务主要包括：创设安静整洁、轻松愉快的进餐环境；做好餐前准备工作；做好三餐的保温保洁工作；掌握并根据幼儿个体差异、饮食习惯分发添加饭菜。教会幼儿正确使用餐具，有良好的进餐习惯，懂得初步的进餐礼仪；培养幼儿爱劳动的品德和良好的生活卫生习惯。

二、幼儿进餐礼仪

幼儿进餐礼仪可以总结为下述口诀：进餐前，洗净手；打喷嚏，遮住口；轻轻嚼，慢慢咽；不挑食，不剩饭。

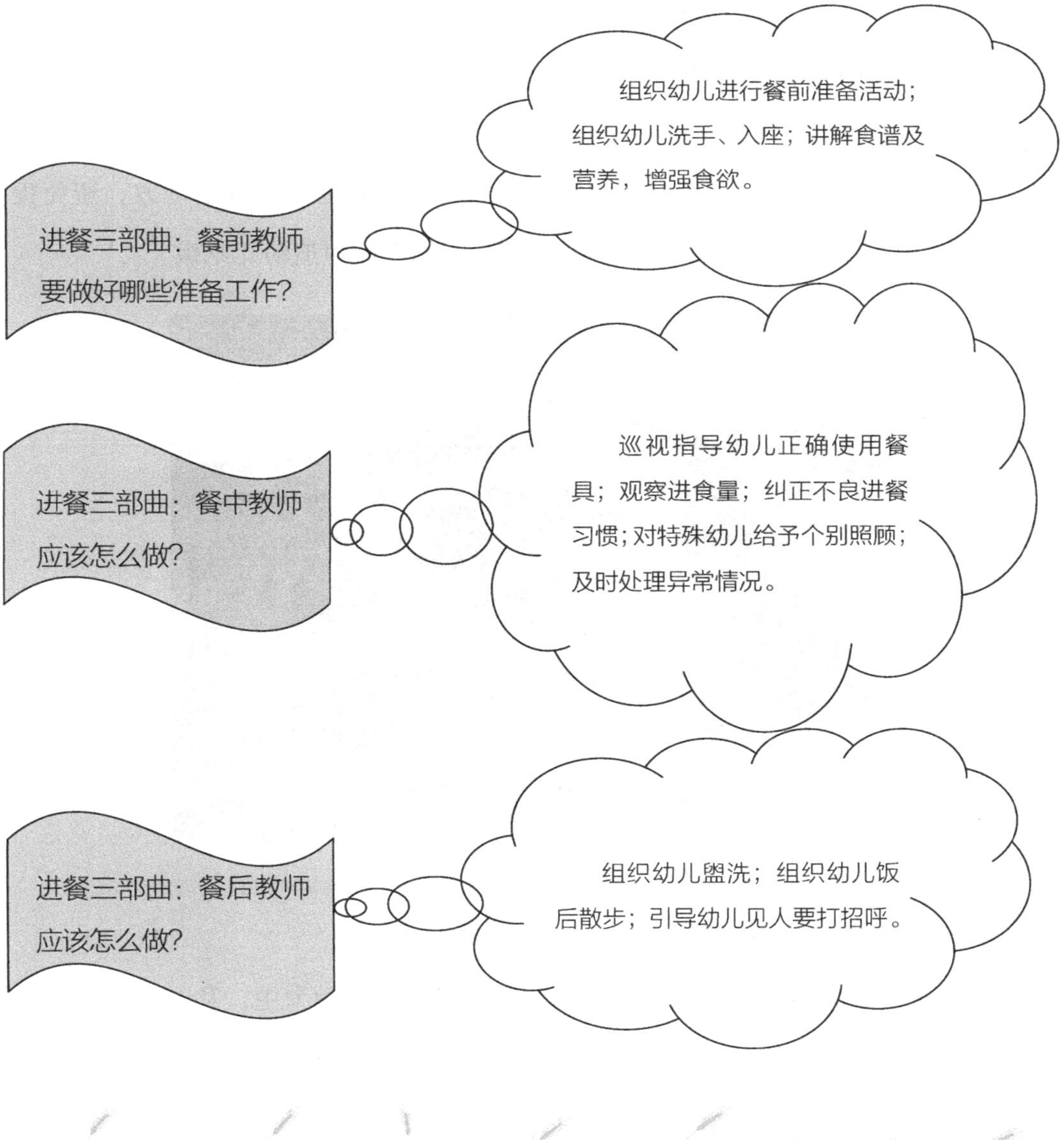
进餐三部曲：餐前教师要做好哪些准备工作？
组织幼儿进行餐前准备活动；组织幼儿洗手、入座；讲解食谱及营养，增强食欲。
进餐三部曲：餐中教师应该怎么做？
巡视指导幼儿正确使用餐具；观察进食量；纠正不良进餐习惯；对特殊幼儿给予个别照顾；及时处理异常情况。
进餐三部曲：餐后教师应该怎么做？
组织幼儿盥洗；组织幼儿饭后散步；引导幼儿见人要打招呼。

三、幼儿教师进餐环节礼仪

1. 耐心指导，体贴入微

幼儿教师应指导大班幼儿做好餐前值日生准备工作（餐桌的清洁、分发餐具等）；教会幼儿自取食物、进餐的正确方法（坐姿、用勺、用筷子、咀嚼食物等）；在分发食品和水果时，使幼儿懂得先人后己，互相谦让；鼓励幼儿独立进餐，不催促幼儿用餐；提醒幼儿在用餐时间内进餐完毕，如图4-4 所示（中大班不少于30 分钟，小班不少于40 分钟）。

2. 稳定情绪，悉心照顾

幼儿用餐前，教师要稳定幼儿的情绪，防止幼儿因过度兴奋而影响食欲，培养幼儿安静进餐的习惯；盛饭菜的容器应放到幼儿不易碰触到的地方，避免烫伤幼儿；及时为幼儿添加饭菜，少盛勤添；不催促或强迫幼儿吃饭。

图 4-4　幼儿进餐

3. 正面强化，文明进餐

幼儿进餐中，教师切勿闲聊，发现问题，以表扬鼓励为主，及时纠正幼儿不良饮食习惯。幼儿教师应教育幼儿不挑食，不抢食；不浪费粮食；保持碗内、桌面、地面、衣服的整洁；细嚼慢咽，吃东西不发出声音；进餐不说话，咽完最后一口饭再离开座位；打喷嚏、咳嗽时，应背向餐桌，并用手帕或餐巾纸遮住口鼻；养成饭前洗手、饭后擦嘴漱口等良好生活习惯。图4-5 所示为幼儿文明进餐的场景。

图 4-5　幼儿文明进餐

礼仪训练

一、训练情境

组织学生走进幼儿园进行见习，观摩幼儿园午餐组织过程。

二、训练要求

（1）认真观察进餐环节幼儿教师的职业礼仪、幼儿礼仪。

（2）认真观察幼儿教师对幼儿进行进餐礼仪教育的方法，做好记录并交流学习。

知识巩固

1. 进餐环节教师应完成哪些工作任务？

2. 进餐时教师应注意哪些礼节？

3. 到幼儿园见习，注意观察学习在进餐环节教师良好的礼仪表现，养成规范的职业礼仪。

学习评价

表 4-3　幼儿教师进餐环节礼仪学习评价表

检测内容	评价标准	自评	组评	师评	综合
1. 进餐环节幼儿教师的形象礼仪、语言礼仪等	① 明确进餐环节教师的任务				
	② 明确进餐环节教师的具体礼仪规范				
	③ 形象礼仪符合幼儿教师职业礼仪规范				
	④ 语言礼仪符合幼儿教师职业礼仪规范				
2. 进餐环节幼儿礼仪行为的培养情况	① 明确进餐环节幼儿的具体礼仪规范				
	② 能根据不同的模拟情境采取科学有效的礼仪培养方法				
	③ 教师礼仪行为示范正确				

任务04 掌握盥洗礼仪

盥洗是培养幼儿自我服务能力的有效途径，要求幼儿在掌握盥洗技能的基础上养成科学卫生而又便捷合理的盥洗习惯。幼儿园盥洗的内容包括洗手、洗脸、漱口、如厕、梳头等。

案例导入

4岁的牛牛都上中班了，还是特别喜欢吃零食。每次课间休息时间，牛牛都会从书包的食品袋里拿出又红又大的苹果来，到盥洗室里清洗干净再吃。为了节省时间，牛牛总是飞奔进入盥洗室，一路上冲撞了不少小朋友，甚至还把小朋友撞伤过。在盥洗室里，牛牛总是把水龙头开到最大，清洗苹果时溅得满地是水，其他小朋友只好躲得远远的。洗完后还专挑其他小朋友的漂亮毛巾擦手，之后随手一扔就跑开了。为此，小伙伴们对牛牛的意见很大。教师想帮助牛牛学习盥洗礼仪。

思考与讨论

1. 在盥洗环节，幼儿教师的常规任务有哪些？

2. 牛牛小朋友的哪些行为不符合盥洗礼仪规范？教师应怎样培养幼儿的文明盥洗礼仪？

礼仪清单

一、教师的工作任务

在盥洗礼仪中，幼儿教师的工作任务主要包括：组织幼儿有序盥洗；指导幼儿正确洗手、洗脸、漱口，盥洗后用自己的毛巾擦干；遵守如厕礼仪；培养讲卫生、主动清洗的习惯；教育幼儿自己的事情自己做，培养其生活自理的能力。

二、幼儿盥洗礼仪

1．洗手

幼儿洗手礼仪的口诀：洗小手，不拥挤；排好队，袖卷起；洗手时，擦香皂；洗完后，水关掉。

资料贴吧

七步洗手法

首先挽起袖口（大约10厘米），把手沾湿，滴上洗手液。

第一步：洗手掌。

第二步：洗手背，左右手背都洗。

第三步：洗指缝，五指交叉洗。

第四步：洗指关节，两手互握，用一只手洗另一只手的指关节。

第五步：洗拇指，用一只手攥住另一只手的拇指转动洗。

第六步：洗五指指尖，将一只手的五指放在另一只手的手心转动。

第七步：洗手腕。

最后用流水冲洗干净，关好水龙头，擦干手。以上每个部位洗5次，持续30～35秒。

2．如厕

幼儿如厕礼仪的口诀：入厕前，先敲门；有人在，要等待；如厕后，要冲水；整好衣，把手洗。

幼儿如厕注意事项

敲门时，声音不宜过大。

等待时，不要催促里面没有上完厕所的人。

使用完厕所要及时冲厕所。

出厕所前，要将衣服整理好。

合理使用卫生纸，注意节约。

三、幼儿教师盥洗环节礼仪

1．精心布置，创设氛围

幼儿园在盥洗室墙壁上以图片形式展示洗手的流程，如图4-6所示；幼儿园以图片的形式展示提裤子的方法，如图4-7所示。此外，还可以在地面画上小脚印、等候线；将冲水按钮设计成小动物的鼻子等，温馨提示幼儿守礼仪。教师还须保持地面清洁干爽，防止幼儿滑倒；保证毛巾清洁。

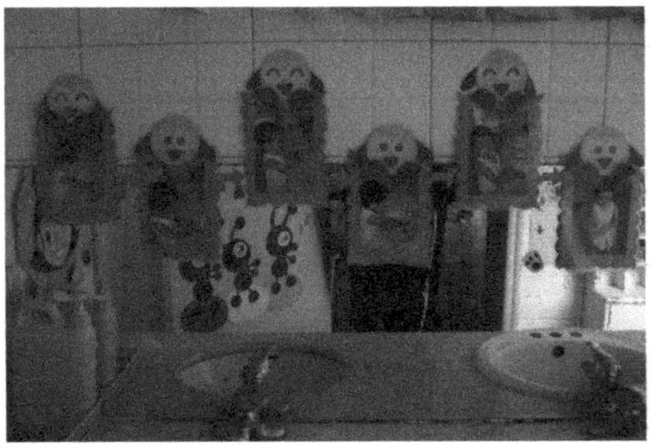

图4-6　展示洗手流程

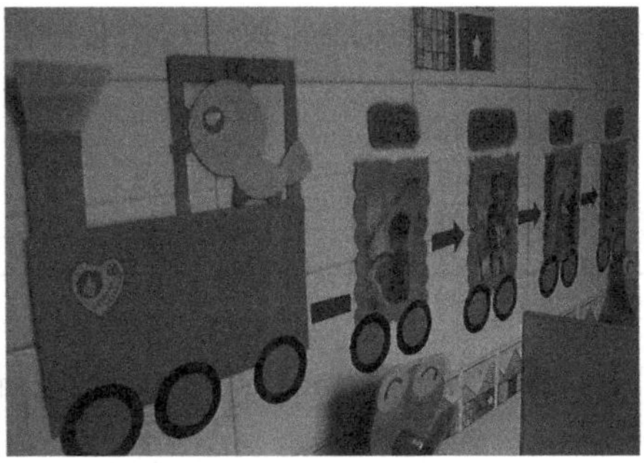

图4-7　展示提裤子的方法

2．认真观察，及时指导

教师应示范、指导幼儿用正确的方法洗手洗脸，教育幼儿洗手要认真，不玩水，不敷衍，教育幼儿节约用水，培养幼儿勤洗手的好习惯；前额、眼角、鼻孔、口周、下巴是幼儿洗脸时经常被遗忘的地方，要及时提醒幼儿，逐步培养其生活自理的能力。

3．亲切关爱，体贴入微

幼儿教师对低龄幼儿要注意培养其良好的自主大小便的习惯，细心观察、及时提醒幼儿如厕，防止幼儿便脏裤子。教师对能力较差和便脏裤子的幼儿应给予热心的关怀和帮助，不要大呼小叫，训斥幼儿，加重幼儿心理负担，力求体现关爱。

礼仪训练

一、训练情境

组织学生走进幼儿园进行见习，观摩盥洗环节的组织与实施。

二、训练要求

（1）认真观察在盥洗环节幼儿教师的职业礼仪、幼儿礼仪。

（2）认真观察幼儿教师对幼儿进行盥洗礼仪教育的方法，做好记录并交流学习。

知识巩固

1．盥洗环节中教师的工作任务有哪些？

2．盥洗时教师应注意哪些礼节？

3. 在模拟教室布置美化 “盥洗室”，模拟练习幼儿园洗手礼仪教学，掌握科学的幼儿礼仪教育方法，并规范自己的职业礼仪。

学习评价

表 4-4 幼儿教师盥洗环节礼仪学习评价表

检测内容	评价标准	自评	组评	师评	综合
1. 盥洗环节幼儿教师的形象礼仪、语言礼仪等	① 明确盥洗环节教师的任务				
	② 明确盥洗环节教师的具体礼仪规范				
	③ 形象礼仪符合幼儿教师职业礼仪规范				
	④ 语言礼仪符合幼儿教师职业礼仪规范				
2. 盥洗环节幼儿礼仪行为的培养情况	① 明确盥洗环节幼儿的具体礼仪规范				
	② 能根据不同的模拟情境采取科学有效的礼仪培养方法				
	③ 教师礼仪行为示范正确				

任务05 掌握教育活动礼仪

幼儿教育的任务是通过具体的教育活动来完成的。因此，科学组织教育活动，提高一日活动质量，是促进幼儿全面发展的重要手段和途径。

案例导入

张晗班里有几个幼儿是最调皮的，手脚一刻不闲，屁股坐不住小椅子，上课时爱做小动作，一会儿碰碰积木，一会儿又惹惹小朋友；活动时，更是横冲直撞，毫无约束。告状的小朋友接连不断："教师，他打我""教师，他抢我玩具""教师，他推我"……张晗不得不停下原本准备的教育活动，为孩子们处理矛盾。实在生气了，张晗便会用方言对着孩子们大声呵斥，为此，张晗没少去向幼儿家长赔礼道歉，没少受领导的责备。

思考与讨论

1. 组织教育活动时，幼儿教师要做好哪些常规工作？

2. 幼儿教师应如何教育孩子们遵守教育活动规则，培养孩子文明的上课礼仪？

礼仪知识

一、教师工作任务

在幼儿的学习活动中，教师的工作任务主要包括：制订切实可行的活动计划；创设与教育相适应的学具、教具和环境，注重让幼儿在操作中学习；引导幼儿运用各种感官积极参与活动过程，促进每个幼儿在原有水平上发展；教师情绪饱满，语言简练、形象生动，态度亲切自然，教具运用恰当，课堂气氛活跃；教育活动体现游戏性、趣味性、综合性；要将科学知识和品德教育有机结合起来，培养幼儿诚实勇敢、好问友爱、不怕困难、讲礼貌守纪律的良好品德习惯以及活泼开朗的性格。

二、幼儿学习活动礼仪

幼儿学习活动礼仪可以总结为下述口诀：学习时，要坐好；认真听，勤思考；要提问，手举起；回答时，字清晰。

（1）坐立姿势正确。

（2）专心倾听，不要随便打断老师的说话和同伴的发言。

幼儿坐姿如图 4-8 所示。

图 4-8　幼儿坐姿

（3）有事举手，经允许后再发言。
（4）回答问题声音响亮、速度适中。
（5）遵守活动的规则，学会商量，能尊重别人的意见。
（6）观看同伴的表演时，能保持安静、守秩序。
（7）教学活动结束后，会向老师道谢："谢谢老师！您辛苦了！"
幼儿举手发言如图 4-9 所示。

图 4-9　幼儿举手发言

三、幼儿教师教育活动礼仪

1．精心准备，激发兴趣

幼儿教师要创设与教育相适应的学具、教具和环境，引导幼儿运用各种感官积极参与活动过程，如图4-10 所示。

图 4-10　幼儿参与活动

2．仪表端庄，仪态优雅

幼儿教师要根据教学主题选择合适的服装；坐、立、行、蹲要符合礼仪规范，努力做到仪表端庄，仪态优雅；科学指导幼儿养成正确的礼仪规范；培养幼儿诚实勇敢、好问友爱、不怕困难、活泼开朗的品性，以及讲礼貌、守纪律的良好习惯。图4-11 所示为幼儿教师在课堂上的仪态、仪表。

图 4-11　幼儿教师在课堂上的仪态、仪表

3．情绪饱满，教态亲切自然

幼儿教师的表情要亲切，动作要轻柔，目光要有神而充满爱；要展现出青春的活力，活跃课堂气氛，引领幼儿积极参与教学活动；要恰当运用情态语言、身势语言、空间语言等各种体态语，做好教学活动的组织与安排，对个别捣乱的孩子切勿大呼小叫，可以使用目光语个别提醒；要借助体态语直观形象地讲解内容，表达丰富的教学情感，把科学知识和品德教育有机地结合在一起。

4．语言简练，生动形象

幼儿教师要讲标准普通话，尽量用浅显易懂、直观形象的语言向幼儿讲述知识，说明道理；要认真倾听幼儿的发言，目光注视并及时给予肯定；对幼儿的感谢要及时表达，如“谢谢小朋友！”；对幼儿的点滴进步都要充满爱心地给予充分赞扬，如 “你们表现得真棒！”；切勿直呼幼儿的乳名，随意贬低幼儿，如 “你怎么这么笨！别人都会就你不会”。

礼仪训练

一、训练情境

幼儿园举行优质课评比。李教师上的是语言课：为幼儿讲故事《三只蝴蝶》；张教师上的是数学课：认识数字6的组合。

二、训练要求

（1）按照真实的教学情境分配角色（教师、幼儿），进行模拟教学。其他同学为观察员，做好听课记录与评价。

（2）通过角色扮演法练习幼儿园教学活动，重点练习仪态、体态语、语言等基础礼仪，养成规范的职业礼仪。

知识巩固

1. 教育活动环节教师应完成哪些工作任务？

2. 教育活动中教师应注意哪些礼节？

3. 到幼儿园见习幼儿教师的教学，注意观察学习教师良好的礼仪行为及教师的幼儿教学组织策略，养成规范的职业礼仪。

学习评价

表 4-5 幼儿教师教育活动环节礼仪学习评价表

检测内容	评价标准	自评	组评	师评	综合
1．教育活动环节幼儿教师形象礼仪、语言礼仪等	① 明确教育活动环节教师的任务				
	② 明确教育活动环节教师的具体礼仪规范				
	③ 形象礼仪符合幼儿教师职业礼仪规范				
	④ 语言礼仪符合幼儿教师职业礼仪规范				
2．教育活动环节幼儿礼仪行为的培养情况	① 明确教育活动环节幼儿的具体礼仪规范				
	② 能根据不同的模拟情境采取科学有效的礼仪培养方法				
	③ 教师礼仪行为示范正确				

表 4-6　幼儿教师优质课评比评分标准

单位：____________ 执教：____________ 评委：______________________ 总分：______

项目	评 价 标 准	分值	评分	点评
目标	活动目标明确具体，符合幼儿年龄特点和已有经验，能关注幼儿情感、习惯、态度、能力的培养	10		
内容	适合幼儿的年龄特点、兴趣和需要，材料丰富、容量适宜，有一定的挑战性	10		
活动过程	① 教师能关注来自幼儿的信息，并及时地进行分析、判断和灵活应对，引发幼儿进一步自主探索与思考，拓展经验	15		
	② 教师的提问具有开放性、针对性和挑战性	10		
	③ 充分发挥幼儿的主动性、主体性，幼儿兴趣高，思维活跃，师幼互动积极有效	10		
	④ 教学方法灵活多样，趣味性、活动性强，寓教于游戏中，能合理使用多媒体教学手段	10		
	⑤ 重视幼儿的自主活动，实现分层指导和个别指导，使每个幼儿的能力都能得到发展	5		
教师 素质	① 教育观念正确	5		
	② 教育技能娴熟：讲解清晰，语言亲切规范，富有感染力，教态自然、生动形象，操作演示熟练	15		
幼儿发展	① 幼儿能积极主动地参与活动，乐于表达表现	5		
	② 幼儿有良好的学习态度、习惯和能力	5		

任务 06 掌握户外活动礼仪

幼儿的户外活动种类很多，主要包括早操、散步、体育游戏、体育教学等。教师应利用日光、新鲜空气和水等自然因素锻炼幼儿身体，增强适应环境的能力和对疾病的抵抗力，提高幼儿参加体育活动的兴趣。

案例导入

今天大三班组织孩子们去××公园看樱花。小李教师一大早便在校车前检查孩子的服装、背包等物品，组织孩子排队上车，热情地和每一位送孩子的家长打招呼，家长无不称赞。公园到了，孩子们如脱笼的小鸟，四处奔散。小李教师今天穿了高跟鞋，奔走不便，只好大声叫喊。好不容易把孩子聚拢起来，又有两个孩子互相推搡，掉小水沟里蹭破了皮。一看背包才想起早上走得急忘记带常用药品了……整个活动，小李教师忙得团团转。

思考与讨论

1. 在户外活动环节，小李教师哪些方面做得好？哪些方面做得不到位？

2. 在户外活动环节，幼儿教师应培养幼儿哪些礼仪行为？如何培养？

礼仪知识

一、教师工作任务

在户外活动环节，幼儿教师的工作任务主要包括：根据不同年龄段幼儿的特点选择合适的活动内容；根据幼儿活动需要保证足够的活动材料、安全的活动空间；提醒并检查幼儿做好活动前准备；精神饱满地组织活动，随时观察幼儿活动情况，早操做到“三看”（情绪、动作力度、准确度）、“三提示”（动作、增减衣物、运动卫生及安全）；教育幼儿积极参加游戏和体育活动，培养幼儿勇敢、自信的意志品质和活泼开朗的性格。

二、幼儿户外活动礼仪

幼儿户外活动礼仪可以总结为下述口诀：在户外，做游戏；与教师，不远离；集合时，收玩具；守规则，讲秩序。

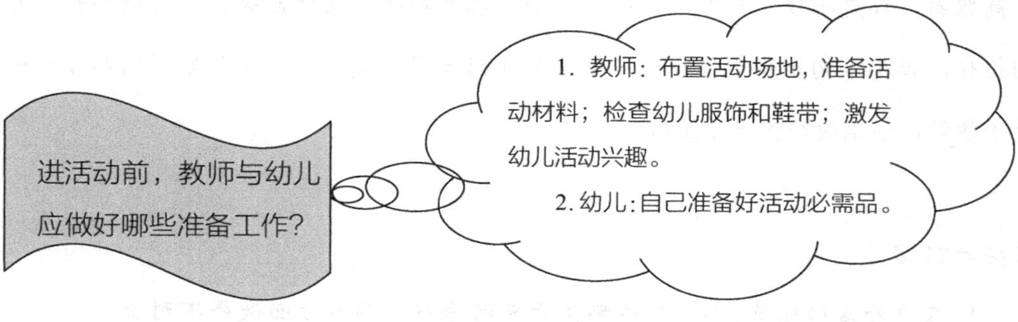
进活动前，教师与幼儿应做好哪些准备工作?
1. 教师：布置活动场地，准备活动材料；检查幼儿服饰和鞋带；激发幼儿活动兴趣。
2. 幼儿：自己准备好活动必需品。

活动中，教师与幼儿应怎样做？

1. 教师：情绪饱满，讲清楚活动要求；注意观察，发现问题及时解决；动静交替，随时调整活动量；活动的观察者、组织者、参与者。

2. 幼儿：精神愉快；遵守活动规则，讲秩序，学会谦让；在规定范围内活动；知道身体发热时脱衣服或身体不适时会主动告诉老师。

活动后，教师与幼儿应怎样做？

指导幼儿进行场地清理；用温度适宜的干净毛巾给幼儿擦脸，增加衣物，督促幼儿洗手、饮水等。

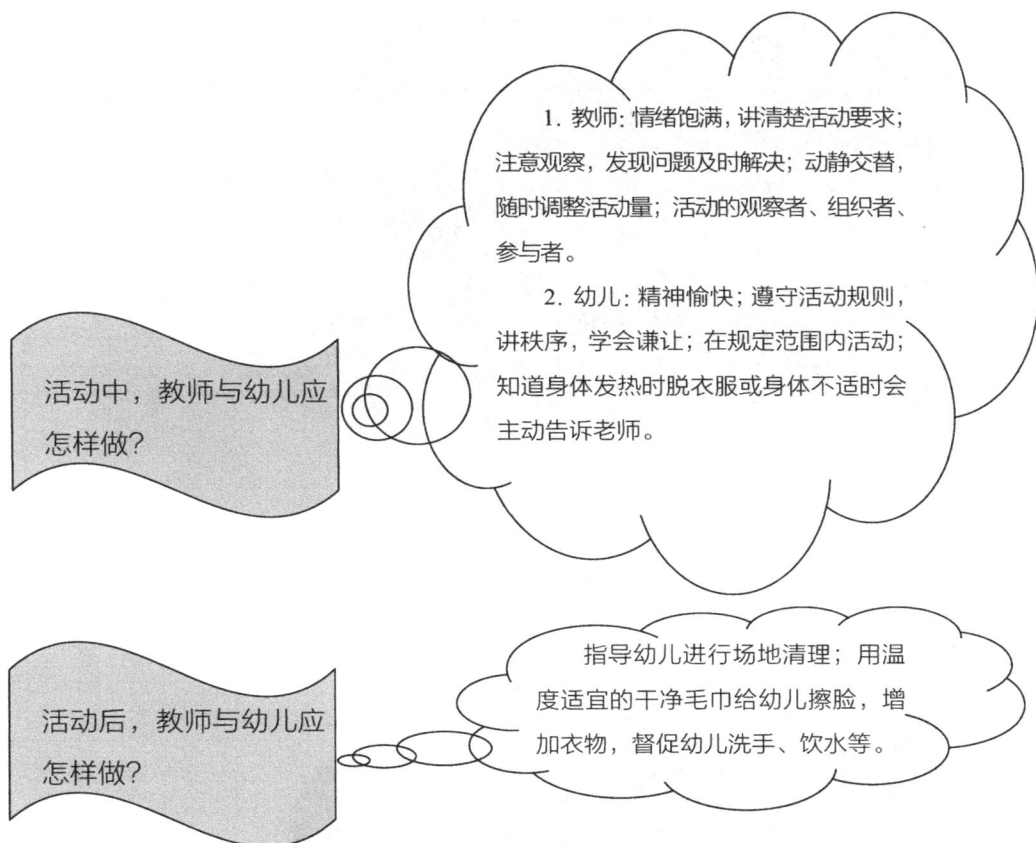

三、幼儿教师户外活动环节礼仪

1. 服饰整洁，舒适自然

在幼儿户外活动中，教师的服饰应符合活动要求。女教师不应穿高跟鞋、裙子；衣服长短要适中，以休闲运动装为宜；不披发。

2. 精心准备，激发兴趣

幼儿教师应按时组织幼儿参加户外体育活动，保证幼儿活动的时间、空间，创设适宜的游戏环境，激发幼儿参与游戏的兴趣，如图4-12和图4-13所示。

图 4-12　幼儿教师组织幼儿进行户外活动

图 4-13　幼儿在户外活动

3．仔细观察，悉心照顾

教师应关注幼儿的活动，让幼儿在自己视野范围内活动；提醒并帮助幼儿增减衣物，及时为出汗多的幼儿擦拭，检查幼儿服饰、鞋带等是否安全，加强安全教育；幼儿间发生矛盾时要冷静，不粗鲁责备孩子，让幼儿在矛盾中学会解决问题。

活动结束时，教师应指导并与幼儿一道收拾用具；做好幼儿活动后的护理工作，用温度适宜的干净毛巾给幼儿擦面，督促幼儿洗手、增减衣物、饮水等。

4．情绪饱满，科学组织

在幼儿活动中，教师是参与者而不是旁观者，要保持情绪饱满，做幼儿的表率；对幼儿的要求要明确；控制好幼儿的运动量，注意 “动静交替”，逐渐增加幼儿的活动量和活动强度，防止因突然运动或剧烈运动造成幼儿身体拉伤、扭伤或身体不适等。

资料贴吧

教师应根据幼儿的年龄特征和个体差异，注意自由活动与集体活动的搭配，掌握活动密度和强度，不能让幼儿长时间连续从事大强度的运动。例如，在追逐、躲闪跑、连续立定跳远、攀登、下蹲走、仰卧起坐、传接球等大强度练习时，其练习密度可适当减小，练习中应增加休息的次数，一般幼儿练习1～2分钟后应作适当的休息，而后再继续练习。如果幼儿面色十分红或苍白、大量出汗、呼吸急促、节律紊乱、精神疲乏、食欲降低、很难入睡或睡眠不安，表明活动量过大，教师要及时调整，采用减少练习次数、增加休息的方法来调节运动负荷量，防止幼儿运动过度。

礼仪训练

一、训练情境

组织学生走进幼儿园见习，观摩幼儿园户外活动的组织与实施。

二、训练要求

（1）认真观察在户外活动环节中幼儿教师的职业礼仪、幼儿礼仪。

（2）认真观察幼儿教师对幼儿进行户外活动礼仪教育的方法，做好记录并交流学习。

知识巩固

1. 户外活动环节教师应完成哪些工作任务？

2. 户外活动中教师应注意哪些礼节？

3. 到幼儿园见习幼儿教师的户外活动组织，注意观察学习教师良好的礼仪行为及教师的幼儿户外组织策略，养成规范的职业礼仪。

学习评价

表 4-7 幼儿教师户外活动环节礼仪学习评价表

检测内容	评价标准	自评	组评	师评	综合
1. 户外活动环节幼儿教师的形象礼仪、语言礼仪等	① 明确户外活动环节教师的任务				
	② 明确户外活动环节教师的具体礼仪规范				
	③ 形象礼仪符合幼儿教师职业礼仪规范				
	④ 语言礼仪符合幼儿教师职业礼仪规范				
2. 户外活动环节幼儿礼仪行为的培养情况	① 明确户外活动环节幼儿的具体礼仪规范				
	② 能根据不同的模拟情境采取科学有效的礼仪培养方法				
	③ 教师礼仪行为示范正确				

任务07 掌握睡眠礼仪

睡眠不但能缓解活动带来的疲劳，使身体的各个部位得到充分的休息，而且能促进生长激素的大量分泌，有助于幼儿身高的增长和大脑皮层的发育。教师要抓住睡眠这一环节，对幼儿进行教育，培养幼儿良好的生活习惯，保证睡眠质量。

案例导入

这几天，李洋教师被园长批评了，心情很是郁闷。起因是这样的，由于大前天晚上睡得太晚，前天中午幼儿午休时她也睡着了，忘了及时给幼儿盖被子，结果有两个孩子冻感冒了。昨天中午有个小朋友刚上床就吵着要小便，弄得其他小朋友睡不好。李洋便吓唬他一下，不料孩子因害怕而尿裤子了，今天孩子死活不愿意来幼儿园了。家长了解情况后便到园长那儿去讨说法，园长为此很生气。

思考与讨论

1. 在睡眠环节，幼儿教师要做好哪些常规工作？

2. 教师应遵守哪些睡眠礼仪？如何培养孩子文明的睡眠礼仪？

礼仪知识

一、教师工作任务

做好入寝前的准备工作，为幼儿创设安静、舒适的睡眠环境；指导幼儿正确穿脱衣服和整理床铺；观察幼儿睡眠情况，发现异常及时处理；培养幼儿正确的睡眠姿势（右侧卧或仰卧），逐步形成良好的生活卫生习惯，保证幼儿按时睡，睡得好，按时醒，醒后精神饱满愉快。

二、幼儿睡眠礼仪

1．穿脱衣服

幼儿穿脱衣服的礼仪口诀：睡觉前，先问安；按顺序，脱衣衫；叠整齐，放身边；起床后，依次穿。

乐行午安礼

掌握脱衣技巧

学会叠衣服

掌握穿衣技巧

2．睡觉

幼儿睡觉的礼仪口诀：不蒙头，不趴睡；枕放正，盖好被；小手空，右卧眠；早入睡，梦香甜。

纠正不良睡姿

注意观察悉心照顾

培养良好生活习惯

看护幼儿安静入睡

3．起床

幼儿起床的礼仪口诀：起床时，要安静；去方便，步要轻；衣穿好，被叠齐；先梳洗，后游戏。

按时起床 精神愉快	有序 盥洗	培养良好 生活习惯	乐行 午安礼

三、幼儿教师睡眠环节礼仪

图 4-14　幼儿床铺

1．精心布置，尽职尽责

教师应保持幼儿睡眠室内空气新鲜；夏天要开窗睡觉，但要避免风直吹幼儿的头部；冬季在幼儿入睡前要开窗通风换气；保持幼儿床上用品清洁，被褥要固定、厚薄要适宜，如图4-14 所示；提醒和检查幼儿不把玩具和其他东西带到睡眠室；提醒幼儿进入睡眠室要保持安静，立即上床睡觉，不在室内随便走动或说话。

2．认真观察，耐心看护

教师应注意为幼儿盖好被子；对睡眠不安稳的幼儿要仔细观察，发现不适及时就医；对入睡较晚的幼儿耐心看护，避免影响其他幼儿；对个别尿床幼儿不要歧视讥笑，要细心更换衣物。

3．悉心指导，亲切关爱

幼儿睡眠前，教师组织幼儿盥洗；指导幼儿正确穿脱衣服、整理床铺；发现幼儿不良睡姿及时纠正；创设温馨愉快的氛围，主动与幼儿行午安礼。

礼仪训练

一、训练情境

组织学生走进幼儿园见习，观摩幼儿园午休环节的组织与实施。

二、训练要求

（1）认真观察在睡眠环节幼儿教师的职业礼仪、幼儿礼仪。

（2）认真观察幼儿教师对幼儿进行睡眠礼仪教育的方法，做好记录并交流学习。

知识巩固

1．睡眠环节教师应完成哪些工作任务？

2．睡眠活动中教师应注意哪些礼节？

3．到幼儿园见习幼儿教师的睡眠活动组织，注意观察学习教师良好的礼仪行为及教师的幼儿睡眠组织策略，养成规范的职业礼仪。

学习评价

表 4-8　幼儿教师睡眠环节礼仪学习评价表

检测内容	评价标准	自评	组评	师评	综合
1．睡眠环节幼儿教师形象礼仪、语言礼仪等	① 明确睡眠环节教师的任务				
	② 明确睡眠环节教师的具体礼仪规范				
	③ 形象礼仪符合幼儿教师职业礼仪规范				
	④ 语言礼仪符合幼儿教师职业礼仪规范				
2．睡眠环节幼儿礼仪行为的培养情况	① 明确睡眠环节幼儿的具体礼仪规范				
	② 能根据不同的模拟情境采取科学有效的礼仪培养方法				
	③ 教师礼仪行为示范正确				

模块五

5

Chapter

家园共育礼仪

《幼儿园教育指导纲要》指出，家庭是幼儿园重要的合作伙伴。家园共育是拓展教育时空，凝聚各种教育资源，形成教育合力，提升幼儿保教质量的有效途径。幼儿教师与家长交往的主要形式有家长会、家访等形式。

知识目标

❶ 了解教师与家长交往的基本形式。

❷ 熟悉教师与家长交往的基本原则。

❸ 熟知与家长交往的礼仪要求。

技能目标

培养与家长顺畅交往沟通的能力，养成家园共育的文明礼仪行为。

任务01 学习家长会礼仪

家长会是幼儿教师和家长增进彼此认识和理解，沟通幼儿在家在园表现，共同探究正确的教育方法，向家长展示办园理念和办园成果等的有效途径。家长会是一项集体活动，涉及的人比较多，有家长、幼儿、班主任、班级教师。在整个过程中，教师只有展现自己完美的礼仪，才能赢得家长的认同和支持。

案例导入

李洁是一名刚毕业的新教师。一个学期即将结束，学校要求召开家长会。李洁赶忙认真地准备家长会讲稿，洋洋洒洒写了万余字，内容主要是感谢家长到会，说明家长会的重要性，具体说明孩子在园的表现，尤其要点明孩子的缺点，要求家长回家做好教育等，并提前一天让孩子告诉家长第二天必须来开会。

家长会当天，李洁特意穿了一件胸前印有大卡通的T恤，并烫了波浪卷发，显得非常年轻。会议定在下午1点。结果上午有几个家长打电话，问家长会有没有什么重要的事，没什么重要的事就不过来了，李洁不知该说什么好。到了1点，却只来了3个家长（全班28名幼儿），3个家长的家长会怎么开呀？等吧。等呀等，李洁等到1点半只来了14个家长，这时已经有家长开始抱怨了。有几个家长还小声嘀咕“看她的装扮就知道没经验”。李洁有点慌，急忙照着讲稿念开了，5分钟不到念完了。有家长反问“教师，我孩子在幼儿园真有那么多缺点吗？我觉得他在家里挺好的”；还有家长问“教师，还有没有什么事？”。结果，家长们随后一个个离开了。

思考与讨论

1. 为什么李洁的家长会许多家长没有按时到？到会的家长为什么抱怨？

2. 为什么有家长对李洁的介绍提出了反问？

3. 如果你是李洁，你会如何召开家长会？

礼仪知识

一、家长会会前礼仪

在家长会开始前一周左右做好通知工作。确保每个家长都要通知到。在开始前两天统计好要来参加家长会的人数，以准备相关事宜。家长会后还要与未能参加此次家长会的家长进行个别沟通，或把家长会的会议记录整理好后让幼儿带给家长。

家长会当天教师服饰更要整洁、端庄、严肃，女教师最好选择适合自己的套装。

幼儿家长会的场景如图5-1 所示。

图 5-1　幼儿家长会

二、家长会过程中的礼仪

家长到来后，教师与幼儿一起接待家长。会前教师要和每个家长做简短的交流。如果有家长来得很早，可以安排他们在活动室进行亲子游戏。

严格遵守事先规定的时间。如果教师在家长会中拖拖拉拉，延迟了家长会的结束时间，就会给家长带来种种麻烦和不便。

在开家长会的过程中，教师要为家长起表率作用，不要有接听手机、乱扔纸屑等不文明行为。

不要让家长会成为任务摊派及任务完成情况发布会。有的教师会利用家长会“号召”家长帮忙完成班级需要，如帮助解决班级运动会、春游、舞蹈比赛、歌咏比赛所需要的服装、道具等。家长很有意见，只是当面不说而已。

家长会应遵循“报喜不报忧”的原则。教师不能让家长会变成批斗会，要保护幼儿的自尊心，不能让他们在其他同学和家长面前抬不起头来，以至于自暴自弃。这既不利于班级的管理，更不利于幼儿未来的发展。对于幼儿做的好人好事、取得的进步等好的方面，一定要在家长会这样的公开场合下进行表扬，以此鼓励、强化幼儿好的行为；而对于幼儿的缺点、不足、错误，则可在家访或家长会后通过与家长个别交流的形式进行沟通。

三、家长会会后礼仪

家长会后教师要礼貌地与家长告别，感谢他们抽出时间来参加家长会，感谢他们对教师工作的支持。这样的方式不仅完美地展示了教师的礼仪，可以让幼儿在其中受到良好的礼仪训练和熏陶，而且可以让家长感受到班级的温馨，使家长更愿意与教师合作，从而共同形成强大的教育力量。

礼仪训练

一、训练情境

幼儿园要召开家长会，请自定会议主题，设计一份家长会主题活动方案。

二、训练要求

（1）请同学们以学习组为单位讨论制订家长会流程，拟写家长会通知、家长会发言稿等。

（2）能够掌握家长会前、家长会中、家长会后的礼仪要求，并分角色扮演，练习家长会时的教师文明礼仪。

知识巩固

1. 掌握家长会前的礼仪要求。
2. 掌握家长会中的礼仪要求。
3. 掌握家长会后的礼仪要求。

学习评价

表 5-1 幼儿教师家长会礼仪学习评价表

检测内容	评价标准	自评	组评	师评	综合
1．会前礼仪	家长会目的明确，会议流程安排科学，家长通知书规范，发言稿质量较高				
2．会中与会后礼仪	① 服饰符合礼仪规范				
	② 教师举止符合礼仪规范				
	③ 较好地完成家长会、家访任务				

任务 02 学习家访礼仪

定期家访是幼儿教师必不可少的工作。通过家访，教师可以与家长面对面地就幼儿的教育问题进行较为充分的交流，得到家庭的配合和支持。

案例导入

向晖班的皮皮又做错事了。下午他不经丽丽允许，私自拿了人家的彩笔。为此和丽丽吵架，把丽丽气哭了。丽丽家长找到了幼儿园。向晖生气极了。下午一放学就直接去了皮皮家家访，向皮皮爸爸告了一状，还把皮皮爸爸批评了一顿，皮皮爸很是尴尬，打了皮皮一巴掌。

思考与讨论

向晖的家访有什么不合适的地方？会造成什么不良后果？如果是你，你准备怎样进行家访？

礼仪知识

一、登门家访礼仪

1. 选好时机，预约家访

教师登门家访的时间选择要恰当，最好是利用家长比较空闲的时间，如幼儿放学后或双休日。时间太早或太晚都不合适，特别要避免在午休、用餐时间前往。登门家访前，教师一定要事先通过打电话、写便条、捎口信等与家长预约，不告而访是非常失礼的。另外，预约家访是商量式，而非命令式的，教师同时应告诉家长家访的目的，让家长有思想准备。

遵守时间是交往中极为重要的礼仪，因此教师在家访时要按约定的时间到达。过早抵达，家长可能会因没有完全准备好而感到难堪；迟迟不到，会让家长担心，让家长等待，也是很失礼的行为。

2．服装整洁，举止得体

教师在家访前应适当修饰一下自己，服装不整、穿着随意是不尊重家长的表现。到幼儿家时，应轻声敲门或按门铃，切忌不打招呼擅自闯入。进门后应礼貌询问主人是否需要换鞋。要主动和屋内所有人打招呼，落座时，要说“谢谢”，坐姿要正确。主人敬茶要欠身双手接过并致谢。除非家长主动请你参观，否则不要东转西瞧，但可以要求看看孩子的房间以示关心并对孩子做些了解。

教师的家访时间不宜过长。在双方都坐好后，应尽快进入主题，不要东拉西扯，浪费时间，达成目的应立即告辞。

3．用语合理，避免责难

教师在家访刚开始时可以简要说些寒暄话，夸夸主人的房间布置、养的花草等。无论学生家境贫富，教师都要表现得不卑不亢、平和自然。在谈话中，教师要向学生及家长渗透“孩子无论聪明还是笨拙，在教师眼中都是可爱的孩子；父母无论显赫还是平庸，在教师面前都是孩子的家长”的理念。谈话过程中，应该对孩子多表扬、少批评。哪怕此行确实是因为孩子犯了大错误要与父母协商，教师也要先找一些孩子身上（特别是学、品方面所谓的“差生”）的闪光点做铺垫。交谈时幼儿最好在场。如果教师需要单独与父母交流，可以预先告诉父母，预设幼儿不在的环境，不能硬行让幼儿回到自己房中去回避，那是对幼儿的不尊重。教师如果与家长有了分歧，即便是家长态度不好，教师也要始终运用礼貌用语，千万不可与家长斗气，也不可对作为学生的幼儿耍脾气，建议另找机会沟通。

二、电话家访礼仪

1．通话前需要注意的礼仪

（1）拨打电话时要注意选择合适的通话时间

教师拨打电话一般应选择电话接听效率高的时间。一是休息时间尽量不要打电话。晚上10点之后和早上8点之前为休息时间，尽量不要给家长打电话。二是进餐时间尽量不要打电话，节假日一般也不要打电话，以免占用家长得来不易的休息时间。确有急事非打电话不可，教师在电话里也要先和家长说一句 “抱歉，事情紧急，打扰您了！”。

（2）形成良好的接打电话习惯

教师在拨电话前，要对本次电话家访所要了解的情况心中有数，必要时可列一个提纲，以免拿起话筒语言啰唆，词不达意，占线时间太长，或遗忘一些要点，从而给家长心中留下不好的印象。同时，应该在电话机旁随时备好纸、笔等文具，以便能随时记下通话要点。

2．通话中需要注意的礼仪

在家长接电话后，教师要先自报家门。可以这样说：“您好，我是×× 的班主任××，请问您是×× 的父（母）亲吗？”一定不能开口就问 “你是×× 的家长吗”，这是缺少涵养的表现。

教师要考虑家长是否方便与你在电话中长时间交谈，在征得对方同意后进行交流。

在通话过程中，注意背景不要太吵。如果是在课间休息时打电话，教室可能会很吵，应尽量找个安静的角落；不要强制学生保持安静，这样会打扰孩子们的正常游戏和休息。

如果在打电话时突然又有其他的电话打进来，而且是紧急电话，你与家长的谈话几分钟内又不能结束，那么就应该和家长说 “对不起，请您稍候，我先接个电话”，或是说 “我这有个紧急电话要接，请你先挂机，一会儿我再打给您”。

如果打电话拨错了号码，应当说一声 “对不起，我拨错了号码”。

3．通话结束时需要注意的礼仪

在结束电话交谈时，一般应当由打电话的一方提出，然后彼此客气地道别，互道 “再见” 等客气话后再挂上电话，教师不可只管自己讲完就挂断电话。

三、E-mail 家访礼仪

电子邮件发送快捷，书写方便，家长在收到教师的邮件后马上就可以回复，因此具有很强的时效性，家长和教师可以针对学生教育和培养的某一问题进行充分的沟通，E-mail 已成为一种新的家访形式。

在邮件发送后，要通过手机短信或要求收到回复等方式加以验证，确认信件已经被家长查收。

E-mail 对家长的称呼一般采用 “× × 先生” 或 “× × 女士”，落款就是 “班主任：× ×”，信函的内容要求清楚明白、简明扼要。除适当的祝福语外，不宜拖沓。切忌信中出现错别字，这是对教师为人师表形象的损害，家长由此可能会质疑你的教学能力和专业素质。

礼仪训练

一、训练情境

根据教师设计的场景，以学习组为单位进行角色扮演，练习家访礼仪。

场景1：小虎近几天一直没来幼儿园，教师准备进行一次家访。

场景2：课间，蓓蓓的爸爸打电话来幼儿园了解蓓蓓的在园情况。

场景3：最近一向活泼开朗的格格突然变得沉默少语，脾气执拗，甚至和小朋友闹矛盾，把小朋友推倒弄伤了。你给格格的父母写一封电子邮件，说明情况。

二、训练要求

（1）4人一组，角色扮演班主任教师、爸爸、妈妈、幼儿，练习登门家访礼仪。

（2）两人一组，角色扮演班主任教师、爸爸，练习电话家访礼仪。

（3）正确书写电子邮件。

（4）正确掌握家访时的服饰、语言、举止等礼仪要求，达成家访的目标。

知识巩固

1. 知道如何根据家访主题选择家访时机和家访方式。

2. 熟知家访过程中的形象礼仪、语言礼仪等。

学习评价

表5-2 幼儿教师家访礼仪学习评价表

检测内容	评价标准	自评	组评	师评	综合
1. 登门家访礼仪	①家访目的明确、时机选择得当				
	②服饰符合礼仪规范				
	③教师举止、言谈符合礼仪规范				
2. 电话家访礼仪	①电话时间选择合适				
	②电话用语文明礼貌				
	③电话习惯良好				
3. E-mail家访礼仪	①E-mail书写规范 ②E-mail用语文明礼貌				

6

Chapter

模块六 幼儿教师岗前职业礼仪综合实训

前面我们用五个模块分别对幼儿教师职业礼仪的意义、特点，形象礼仪，语言礼仪，幼儿园一日活动礼仪，家园共育礼仪进行了学习和训练。本次改版，我们又开发了“模块六 幼儿教师岗前职业礼仪综合实训”，目的是在学生正式步入职业生涯之前，让他们进行一次综合礼仪训练，以保证幼儿教师职业礼仪知识的系统性，使之更快、更好地完成职业角色的转变，缩短磨合期，早日成为一名具有良好职业礼仪的优秀幼儿教师。

知识目标

❶ 熟知幼儿教师仪态礼仪规范、仪容礼仪规范、仪表礼仪规范、体态语礼仪规范。

❷ 熟知一日活动的七个环节中幼儿教师的工作任务；掌握七大环节中教师礼仪清单、幼儿礼仪清单。

❸ 了解幼儿教师教育口语的特点和基本原则；掌握沟通语、劝慰语、 激励语、评价语等教育口语的礼仪技巧；了解教师与家长交往的基本形式；熟悉教师与家长交往的基本原则；熟知与家长交往的礼仪要求。

技能目标

❶ 综合掌握幼儿教师正确的站、坐、走、蹲姿仪态礼仪规范；正确的发、面、手臂和腿脚仪容礼仪规范；正确的色彩、款式、佩饰等仪表礼仪规范；正确的情态语言、身势语言、空间语言等体态语礼仪规范。

❷ 针对具体的工作情境，综合运用并改善仪容、仪表、仪态、体态语、语言等文明礼仪，生成幼儿教师的职业礼仪行为，保证一日活动中七个环节的工作任务顺利达成。

❸ 综合掌握沟通语、劝慰语、激励语、评价语等教育口语的礼仪技巧，培养与家长顺畅交往沟通的能力，养成家园共育的文明礼仪行为。

实训01 幼儿教师形象礼仪

情景设置

每年12月，青岛市黄岛区都要举行职业教育年会。总结中职教育改革发展经验，展示各专业教学创新成果，向社会做好宣传推介，提升职业教育在本区域的影响力。

我校学前教育专业是国家中等职业教育改革与发展示范校五个重点建设专业之一，受邀参加年会现场展示。学校决定以“职业礼仪”为主题，编排展演节目，背景音乐自选。要求各班结合所学内容，分仪态礼仪、仪容礼仪、仪表礼仪、体态语礼仪四个小节编排。节目要充分体现学前教育专业特色，充分体现礼仪的职业性，充分展示我校学前教育专业学生的综合职业素养。

或是校园专业技能节。学校每年都要举办专业技能节。学前教育专业拟推出职业礼仪展示。要求同职业教育年会。

目标要求

1. 生成正确的站、坐、走、蹲等仪态礼仪行为，做到文明、优雅、敬人。

2. 学生能根据自身特点，选择并梳理合适的发型；学会化简单的彩妆。做到干净、卫生、自然、淡雅。

3. 学生能根据职业特点、季节特点、自身特点选择搭配合适的服装与饰品，体现TOP 原则、审美教育性原则、“三不”原则。

4. 学生能够根据具体的教学情境和幼儿身心发展特点，恰当运用眼神、微笑等情态语言、身势语言、空间语言与幼儿进行交流，提升教育教学效果。

训练程序

1. 分组。将学生按日常教学分成仪态、仪容、仪表、体态语四个小组。

2. 编排。教师设置综合训练情境，提出各小组综合训练目标，各小组在组内讨论基础上，进行编排。

3. 展演。各小组展示编排、训练结果。

4. 循环训练。各小组交换训练内容，进行编排和展演。

5. 教师、四个学习组长共同研究，将四个综合训练内容合成一个年会展演节目。

实训评价

表 6-1　幼儿教师形象礼仪学习评价表

评价内容	评价要点	
体态礼仪	站姿礼仪	脚踝膝并拢，腿直一条线；臀提腰立腹要收，胸挺肩展略下沉；笑面收颔臂下垂，头正颈直眼平视
	坐姿礼仪	入座轻稳衣平整，坐后挺胸脚并拢；头正颔收眼平视，收脚离座转身稳
	走姿礼仪	头正眼平肩下垂，胸挺腹收背直立；脚尖朝前步幅合，步速平稳且自然
	蹲姿礼仪	两腿合力撑身体，头胸膝要成一条线；前脚着地后脚抬，背挺不弯勿露衣

续表

评价内容	评价要点	
仪容礼仪	发	不染不怪合脸型，不披不遮职业型
	面	五官要整洁，清爽又无尘；三分素颜值，七分巧装扮；淡雅且大方，清新又自然
	四肢	不涂不裸不赤不露，勤修勤换保卫生
仪表礼仪		选衣先选色，肤色与季节；体型有不足，颜色来弥补；款式要大方，重在合工作；少穿高跟鞋，安全又舒适；套裙职业装，务要及膝长；丝袜选肉色，力避三截腿；饰品讲安全，不得碍工作；常备万能包，职业形象好
体态语礼仪	情态语言	眼睛是窗户，平视显亲切；时间分三成，体现关注度；合理分目光，传达大博爱；读懂孩子眼，俘获孩子心
		微笑是座桥，拉近你我她；微笑要真诚，心到口眼到；微笑要得体，神态要自然；微笑要适宜，分清时与地
	身势语言、空间语言	手位要适当，放松不呆板；指示要明确，习惯成自然；情感适夸张，激活积极性；形象要直观，解决抽象题；空间显疏密，距离要适宜

实训02 幼儿园一日活动礼仪

情景设置

幼儿园教育开放日。开放办园，既是展示办园水平，提升幼儿园办学社会声誉度的好平台，也是让幼儿家长更多地参与到幼儿园的教育教学与管理，改进幼儿园工作的好举措。我区举行 “幼儿园开放日” 活动已经常态化，基本做到每月一次。现在我们实习所在的幼儿园恰好要举行这一活动，要求实习教师提前准备，展示幼儿教师良好的职业礼仪，保障一日活动中七个环节的顺利进行。

本次综合实训，可以与实习幼儿园协调，采取实境训练；如不能，则可采取虚拟情境进行模拟训练。

目标要求

要求学生综合运用所学职业形象礼仪、语言礼仪等知识，展示幼儿教师的良好职业形象。要求教师做好室内外清洁卫生与文化布置；做好幼儿和幼儿家长接待工作；做好幼儿晨检，与幼儿家长做好沟通交流、交接工作；有计划地组织幼儿做好值日生工作；组织幼儿开展游戏和自选活动；培养幼儿的文明礼仪。

训练程序

1. 由实习幼儿园将实习生分组，分别安排到七个环节。

2. 实习生组织各环节活动，并在活动中展示职业礼仪。

3. 由实习带队教师和幼儿园指导教师组成评价小组，进行点评和反馈。

4. 学习、讨论并改进。

如是在虚拟情境下进行，可组织学生进行环节轮转，让学生体验不同环节的礼仪。可由教师和小组长进行点评、同学互评，以评促进。

实训评价

表 6-2　幼儿园一日活动礼仪学习评价表

评价内容	评价要点
入园礼仪	形象礼仪好，微笑来接早；互施早安礼，家长沟通好；一摸二看三问四查莫忘掉
离园礼仪	认真做总结，表扬少不了；整理好衣物，关爱到位了；家园交接到，共同育人好
进餐礼仪	进餐三步曲，一定要记牢；耐心做指导，文明习惯好；情绪要稳定，安全最重要
盥洗礼仪	地面要干爽，防止会滑倒；形象指示图，步步来引导；教师示范到，幼儿习惯好；体贴要入微，孩子压力小
教育活动礼仪	环境创设好，感官调动到；教师仪表端，幼儿礼仪好；语言形象化，教学效果好
户外活动礼仪	休闲运动装，最是合适宜；关注每一个，悉心照顾到；安全最重要，可控范围妙；参与在其中，教育效果好
睡眠礼仪	空气要清新，用品清洁到；情绪要稳定，睡眠效果好；随时观察到，耐心看护好；睡眠三部曲，步步来指导

实训03 幼儿教师语言礼仪及家园共育礼仪

情景设置

（一）幼儿园家长会。每学期，幼儿园都要召开多次幼儿家长会。向幼儿家长介绍幼儿园办学理念，反馈幼儿在园表现情况，宣传学校办园特色，让家长更多地参与幼儿园的教育与管理，提升办园水平。你作为一名实习幼儿教师，如何组织举行本班的幼儿家长会？在家长会上，我们应展示什么样的职业礼仪形象，才能获得家长的认可？

（二）万名教师访万家。“万名教师访万家”是青岛市的一个教育品牌，是一项常态化的活动。最近，你所负责的班级有一名幼儿表现反常，脾气变得烦躁，经常与小朋友吵架、打架，还抢小朋友的玩具。教师多次教育引导不见效。小朋友甚至还顶撞教师，朝教师发脾气。为做好孩子的教育工作，你决定进行一次家访，家访方式由你自己确定。

最佳训练是与实习幼儿园协商，在实习指导教师指导下进行实境训练；如不可能，则可采取虚拟情境进行模拟训练。

目标要求

1. 综合运用家长会前、会中、会后礼仪，组织一次成功的家长会。

2. 综合运用登门家访、电话家访、E-mail 家访礼仪，进行一次成功的幼儿家访，取得良好的家访成效。

3. 在家长会、家访过程中综合运用沟通语、劝慰语、启迪语、激励语、评价语等语言礼仪。

训练程序

（一）家长会

1. 学生根据实习岗位，在实习指导教师指导下制定家长会方案。

2. 学生组织举行家长会，实习指导教师和不同组学生参加观摩。

3. 实习指导教师和参加观摩的学生进行评价。

4. 学生针对评价中发现的问题，重新拟订方案，制订改进计划。

（二）万名教师访万家

1. 学生根据家访需求，选择不同的家访方式，并制订家访计划。与实习指导教师讨论后实行。

2. 如是实境训练，实习指导教师可通过电话进行回访，了解学生家访过程中的礼仪表现。如是虚拟情境训练，则由实习指导教师和其他学生观摩评价。

3. 学生根据实习指导教师、同学评价中发现的问题，制订改进计划。

另：这一综合训练项目可考察评价的点很多，实习指导教师可重点评价学生的语言礼仪和家园共育礼仪情况。

实训评价

表 6-3　幼儿教师语言礼仪、家园共育礼仪学习评价表

评价内容	评价要点	
语言礼仪	沟通语礼仪	学会倾听才能读懂，理解认同才能心理相容，关心呵护才能激励表述
	劝慰语礼仪	四种类型区分对待，劝慰安抚引导教育
	启迪语礼仪	正、侧、反向问，情况不同区分待；比喻用得好，抽象变具体；例子熟中举，传递正能量；“四法”去暗示，一样有成效
	激励语、评价语礼仪	正向激励情绪高，逆向激励增信心，勉励在“勉”求长效；表扬要有针对性，适时适度不虚夸；直言批评需斟酌，用词生硬不可取；类比批评靠自己，例子故事类比皆可以；肯定批评多可取，有优有缺少抵制
家园共育礼仪	家长会礼仪	提前准备好，全面通知到；守时做表率，杜绝搞摊派；报喜不报忧，缺点单交流；礼貌表谢意，家园更合作
	家访礼仪	登门先预约，守时不失礼；举止宜得体，时间不宜长；用语多思量，责难伤人心。电话时间对，事前内容备；文明用语讲得好，方能消除别人恼。E-mail 时效高，内容清楚明了